A^{t}V

JÜRGEN HART, geb. 1942, studierte Germanistik und Musik; er lebt als freiberuflicher Kabarettist und Autor in Leipzig. Als ständiger Gast des Leipziger Kabaretts »academixer« tritt er in mehreren Programmen auf (u. a. »Lachende erben«) und wirkte in verschiedenen Film-, Fernseh- und Theaterproduktionen mit.

Mit einer gehörigen Portion Humor interpretiert der Kabarettist und Autor Jürgen Hart Episoden aus sächsischer Vorzeit. Er erzählt von Wettinischen Fürsten und Königen, von Rittern, die leichtem Gelderwerb nachgehen, von Silberfunden in der lieblichen Bergwelt des Erzgebirges, vom Prinzenraub zu Altenburg, von süßer Biersuppe, vom Pantoffel der Gräfin Cosel – unter dem August der Starke stand –, vom Komponisten Schütz – der aus Staatsräson »Oper machen« sollte –, von der Kartoffel als Triebfeder multikultureller Prozesse, von der Sachsenklemme – und wie man sich ihr wieder entwinden kann –, und nicht zuletzt davon, daß die Sachsen oft auf der Seite der Verlierer standen, doch trotzdem nicht untergingen.

Jürgen Hart

Die unernste Geschichte Sachsens

Mit Illustrationen
von Egbert Herfurth

Aufbau Taschenbuch Verlag

ISBN 3-7466-1791-X

1. Auflage 2001
© Aufbau Taschenbuch Verlag GmbH, Berlin
(für diese Ausgabe)
© der Originalausgabe 1995
by WeymannBauerVerlag GmbH, Rostock
Einbandgestaltung Torsten Lemme
unter Verwendung eines Fotos von Uwe Frauendorf
Druck Elsnerdruck GmbH, Berlin
Printed in Germany

www.aufbau-taschenbuch.de

Inhalt

ANHANG

0. Kapitel

oder

Ein Kapitel, welches sich als ziemlich überflüssig darstellt,
da lediglich ein Vorwort das andere gibt

Die Geschichte der Sachsen ist vielleicht mehr als die anderer deutscher Volksstämme von der Mentalität des Sachsen geprägt. Der Sachse ist ein Mensch der Anpassung und des Ausgleichs und ein Meister im Schließen von Kompromissen. Er schließt jedoch keine faulen Kompromisse, sondern fleißige! Alles, was er durch seine Kompromißfähigkeit einbüßt, holt er sich in fleißiger Arbeit wieder zurück. Der Sachse macht nahezu alles mit, wenn auch nicht immer besonders gern. Diese Unlust hat er kultiviert und erfreut sich ausgiebig daran. Daß er so geworden ist, wie er ist, liegt an seiner Geschichte. Daß sächsische Geschichte wiederum so verlaufen ist, wie sie verlaufen ist, liegt an der Mentalität des Sachsen!

Wer Sachsen also richtig verstehen will, muß ins Sächsische hineinhorchen. Sächsisch ist die Sprache des Ausgleichs. Keine überflüssigen Härten trüben den Klangreichtum – die Konsonanten p, t, k kennt man praktischerweise nicht! Und es ist eine vieldeutige Sprache![1] Eine sächsische Geschichte müßte auf Sächsisch geschrieben werden, auch wenn das den Zugang für alle Nichtsachsen nahezu unmöglich macht. Leider gibt es dafür noch keine geregelte, allseits gültige Rechtschreibung – das sächsische Bildungswesen steht diesbezüglich vor großen, unbewältigten Aufgaben!

In den Gesprächen, Szenen, Episoden, Situationen, in

---

1 Wenn es zu DDR-Zeiten hieß: Der Sozialismus siegt! – hieß das auf Sächsisch: Der Sozialismus siecht! Das war so eindeutig zweideutig, daß jeder wußte, wie es gemeint war. Man mußte nicht Gefahr laufen, falsch mißverstanden zu werden.

die wir hineinhorchen wollen, werden wir zwar nicht die sächsische Sprache, wohl aber deren Sprachgestus verwenden müssen. An einigen Stellen wird es sich nicht vermeiden lassen, originalsprachige Redewendungen einzuwerfen, die Sie, liebe auswärtige Leser, jedoch wohlübersetzt an der unteren Seitenkante nachlesen können.

Die Vertreter der orthodoxen Geschichtsschreibung werden ohnehin einwenden, daß alle Episoden, die wir betrachten, überhaupt nicht, und wenn ja, nicht so verlaufen sind, wie wir vorgeben, daß sie verlaufen wären. Das muß uns jedoch nicht verwundern oder verunsichern, da uns als Hauptinstrument der Geschichtsbetrachtung die ausschweifende sächsische Phantasie zur Verfügung steht, wie wir sie zum Beispiel bei Friedrich Nietzsche, Karl May und Richard Wagner vollendet ausgeprägt finden. Es kommt doch letzten Endes nicht auf die Genauigkeit der Fakten an, es geht um die Kühnheit der Behauptung!

Man kann Geschichte als ein wirres Durcheinander von stetig wiederkehrenden Katastrophen und Unberechenbarkeiten begreifen, das durch menschliches Eingreifen eher noch wirrer wird. Man kann Geschichte jedoch auch als eine Folge von glücklichen und durchschaubaren Ereignissen verstehen, an deren Ende die Menschheit in ein besseres und gehobeneres Gemeinwesen einditschd.[2]

Wie sächsische Geschichte denn auch begriffen wird, der Sachse wußte mit den Scherben derselben noch immer etwas anzufangen. Das war 1814, 1872, 1918, 1945 und 1989 so und wird auch hoffentlich so bleiben. *Wir nehmen den Rest und machen was draus* ist deshalb Quint-

---

2 Dies ist die erste Übersetzung eines sächsischen Begriffes, der eigentlich nicht notwendigerweise, sondern der Übung halber eingefügt worden ist! Daß ditschen tunken heißt, weiß ohnehin jeder!

essenz und Motto sächsischer Geschichte. Ein anderes Leitmotiv könnte sein: Wenns so rum eben nicht geht, na, dann gehts eben anders, irgendwie gehts immer!

Die sächsische Geschichte ist eine Folge von mehr oder weniger gutartigen Katastrophen, als deren Ergebnis der Sachse schließlich ein Mensch von vorsichtigem Draufgängertum, emsiger Bequemlichkeit, engstirniger Weitsicht, gemütlicher Unleidlichkeit und erfindungsreicher Anpassungsfähigkeit geworden ist. Er verfügt über die seltensten Talente und höchsten Gaben, ist aber gleichzeitig mit so viel Gleichgültigkeit und Wurstigkeit ausgestattet, daß ihm ein Leben in beschaulicher Mittelmäßigkeit durchaus auch als glücklich und wünschenswert erscheint. Er haßt Pathos und große Gesten und wird weder von heftigen Glücksschlägen noch von unverhofftem Unglück dauerhaft aus der Fassung gebracht.

Lene Voigt, die großartige Kennerin der sächsischen Volksseele, hat die Stehaufmännchen-Mentalität der Sachsen in Verse gesetzt:

> Un schwimm' de letzten Felle fort,
> dann schwimmse mit un landen dort,
> wo die emal ans Ufer dreim.
> So is das un so wärds ooch bleim.[3]

Wenn wir nun durch diese sächsische Geschichte schlendern ... Halt! Schlendern ist gut gesagt! Wir müssen auf knapp 200 Druckseiten zirka 1500 Geschichtsjahre durcheilen, das entspricht einer mittleren Reisegeschwindigkeit von siebeneinhalb Jahren pro Seite! Da müssen wir aber die Mütze tüchtig festhalten, daß der Sturm der Zeit uns nicht entblößt ... Wenn wir also durch diese sächsische Geschichte mit einer Geschwindigkeit hetzen, die sächsischer Mentalität total widerspricht, dann laufen wir zwar schnell, aber auch Gefahr, nicht allzuviel mitzukriegen. Ich erlaube mir also, liebe

3 Lene Voigt, Unverwüstlich

Leser, Ihnen diese Reise als eine Art gemäßigte Bergwanderung anzubieten.

Wir besteigen gemeinsam nicht alle, aber einige der zugänglichsten und erhabensten Höhen der Sächsischen Geschichte, blicken von dorther schaudernd in Höhlen, Schlünde und Grüfte, wollen aber immer Um- und Auswege finden, die es uns ermöglichen, unbeschadet davonzukommen. Wir lassen unsere Blicke über das liebliche, hügelige Land schweifen und halten uns an Allgemeinplätzen nicht allzu lang auf. Auch von den Persönlichkeiten, denen wir mutig entgegentreten, wollen wir nur die näher kennenlernen, die bereit sind, uns mit nützlichen Auskünften weiterzuhelfen. Dabei wird sich erweisen, daß der sogenannte kleine Mann, der in Sachsen weiter verbreitet ist als sonstwo, kompetenter und auskunftsfreudiger ist als der Machtmensch.

Wir werden natürlich auch Fürsten, ja Königen über den Weg laufen oder unters Bett kriechen. Aber wie es gute sächsische Art ist, werden wir uns nicht allzu tief vor ihnen verbeugen. Wir wollen Große und Kleine bei Vorgängen belauschen, die für uns historisch aufschlußreich sind und die leider von der hauptamtlichen Geschichtsschreibung sträflich vernachlässigt wurden. Alles können wir freilich nicht beobachten, aber die eigentliche Kunst des Geschichtsschreibers ist die Kunst des Verschweigens!

Wenn wir dann also, liebe Leser, den Bummel durch die sächsische Geschichte als eine Art gemeinsamer Reise begreifen, wäre es doch reizvoll, sich auch menschlich ein wenig näherzukommen. Die Strapazen tragen sich leichter, und man könnte hin und wieder ein Wort miteinander wechseln oder den Reiseproviant teilen.

Mir wäre es dabei sehr angenehm, wenn ich Sie, liebe Leser, mit Namen ansprechen könnte. Nun ist das zugegebenermaßen schlecht zu organisieren, da ein Buch auch heutzutage noch altmodischerweise zuerst geschrieben und danach gelesen wird. Der verehrte Leser gesellt sich also erst im nachhinein dem Autor zu. Ich hingegen hätte Sie schon gerne vorher an meiner weißgrünen Seite. Großartig wäre es, wenn – vielleicht über den Buchhandel – eine Liste aller möglichen Leser zusammengestellt würde, und ich somit im voraus wüßte, wer dereinst in diesem Produkte herumblättert …

Aber da dies nicht sein kann, erlaube ich mir, Ihnen, liebe Leser, vorzuschlagen, Sie mit einem in Sachsen üblichen Namen anzureden, zum Beispiel: Herr Löser. Das klingt fast wie Herr Leser und ist doch nicht ganz so unpersönlich und papiertrocken.

Die geschätzte Leserin mag nun an dieser Stelle einwenden, daß die ausschließliche Verwendung von Herr eine extrem frauenfeindliche und diskriminierende Maßnahme darstellen würde. Das ist aber keineswegs beabsichtigt, denn als Mensch und Autor muß ich zugeben, daß ich diese weitschweifige und einsame Reise in die Vergangenheit Sachsens viel lieber in anmutiger weiblicher Begleitung unternehmen würde: Denken wir nur an die pulverdampfenden kalten Herbstnächte des Jahres 1813, die eng zusammengekuschelt mit einer duftenden und vor Erotik knisternden Frau Löser leichter zu ertragen wären als mit einem unrasierten, angstschwitzenden Herrn Löser. Sie sehen, die Widrigkeiten eines solchen Unterfangens verbieten es mir, Sie, liebe, bezaubernde Frau Löser mehr in unser Unternehmen zu verwickeln, als von Nöten ist.[4] Bleiben Sie also daheim, und lesen Sie fern jeder Gefahr und in beruhigender Nähe der Kaffeemaschine unbelästigt von Hunger, Mord und Pest in diesem Büchlein …

Ach, das wollen Sie nicht, weil ja die Sächsin in der Geschichte auch stets tapfer an vorderster Front stand

4 Denken Sie auch bitte daran, daß der Frankenkönig Karl im 8. Jahrhundert an einem Tage 4500 edle und freie Sachsen mit dem Schwerte hinrichten ließ! Von Sächsinnen ist nicht die Rede!

oder später, wenn alles danebengegangen war, wiederum an vorderster Stelle den Dreck weggeputzt hat, den meist die Herren Geschichtspräger hinterließen … Gut, dann werde ich Sie ebenfalls mitnehmen und, Ihr Einverständnis vorausgesetzt, wie heute üblich mit der zwiegeschlechtlichen Anrede *liebe/r Löser/in* operieren.

Der Name *Löser*, so habe ich mir übrigens sagen lassen, kommt in Sachsen durchaus häufiger vor, als man glauben möchte. Einer von mir durchgeführten Umfrage konnte ich entnehmen, daß er zu den verbreitetsten und beliebtesten Namen im Freistaat gehört. Freilich war meine Umfrage nicht eben repräsentativ; genauer – ich habe durch eine Verquickung unglücklicher Umstände leider nur drei Personen befragen können: meine Frau, einen spanisch klingend sprechenden Ausländer und einen Herrn, der seinerseits schon den Namen *Löser* führte, also bei strenger Betrachtung als befangen gelten könnte. Gleichwohl muß man aber sagen, daß sich bei meiner Umfrage die Tendenz verstärkte, *Löser* als typisch sächsischen Namen anzuerkennen.

So, nun *liebe/r Löser/in* ist es an der Zeit, schnell noch die Dinge zusammenzusuchen, die wir auf unserer gemeinsamen Reise in die Geschichte Sachsens für unentbehrlich erachten: eine Flasche Radeberger vielleicht, Taschenlampe, Bindfaden, Heftpflaster, vielleicht auch eine wollene Strickjacke in unaufdringlicher Farbe … Ansonsten müssen Sie im 1. Kapitel weder auf Kleidung noch Haartracht achten, Sie können sogar unrasiert, im Schrebergartenhemd und mit Kanapeehose losziehen.

Also bis gleich! Wir treffen uns nach dem Umblättern auf der Seite 16 und im 4. Jahrhundert nach Christi![5]

5 Was natürlich historischer Blödsinn ist, da Sachsen erst im 7. Jahrhundert christianisiert wurde. Das 4. Jahrhundert nach Christi wäre also in der sächsischen Geschichtsschreibung das 3. Jahrhundert vor Christi … Sie merken schon, wie relativ alles ist!

LEHREN AUS DER GESCHICHTE:

An dieser Stelle sollte immer eine Lehre aus der Geschichte gezogen werden. Da wir aber noch nicht in der
Geschichte sind, können wir hier bestenfalls einstweilig
eine gewisse Leere in der Geschichte registrieren.

Im 2. Jahrhundert werden die Sachsen von Ptolemäus als irgendein in Holstein siedelnder germanischer Stamm erwähnt. Im Zuge der Völkerwanderung erweitern sie jedoch ihr Siedlungsgebiet und dringen über Elbe und Weser nach Süden und Osten vor. Als Küstenbewohner und unerschrockene Seefahrer siedeln sie sich aber auch gegen römischen und keltischen Widerstand in Britannien an.

1. Kapitel

oder

Wie die Sachsen verzweifelt versuchen
nicht in die Geschichte hineingezogen zu werden
und sich dabei ihr eigenes Süppchen kochen

Ich begrüße an dieser Stelle alle Leser, die der Versuchung widerstanden haben, das durchaus überflüssige und völlig schwachsinnige 0. Kapitel zu lesen. Allerdings bleibt für sie die Frage offen, wieso sie sich jetzt auf einmal mit *liebe/r Löser/in* anreden lassen müssen! Nun, das wird hier nicht mehr aufgeklärt, das bleibt das Geheimnis des ungeliebten und ungelüfteten 0. Kapitels! Leser, die sich nicht so sorgsam und vorsichtig der sächsischen Geschichte annähern wollen wie wir, denen sei an dieser Stelle empfohlen, die nächsten Kapitel auch gleich noch zu überspringen und sich erst bei Seitenzahl 47 und Kapitel 5 wieder auf unsere Buch-Seite zu schlagen.

Aber jetzt zu Ihnen, liebe/r Löser/in, wo laufen Sie denn nun wieder hin? Es geht nicht nach dem Süden! Heutzutage wollen immer alle in den Süden! Wo der Sachse jetzt haust, tummelte sich in grauer Vorzeit noch irgendein wilder Ausländer, der seinerseits natürlich nichts von uns Sachsen wissen konnte und sich deshalb listigerweise als friedlicher Einheimischer gebärdete. Später dann, als die Vorzeit nicht mehr so steingrau war und viel grüner als heute, hauste dort der Hermundure, dem wir später in Anmerkung 11 noch einige passende Bemerkungen mit auf den Völkerwanderweg geben wollen.

Aber, was sehe ich, Herr Löser, Sie haben die Badehose eingepackt – gut mit- und nachgedacht! Wir werden nämlich einige Zeit in nördlicher Richtung wandern und vielleicht sogar bis zur Nordsee kommen. Die Eiszeit ist vorbei, und Sie könnten tatsächlich, wenn Sie keine zu große Frostbeule sind, vielleicht heute noch anbaden. Das derbe Schuhwerk haben Sie auch richtig gewählt, denn die Steinzeit ist noch nicht ganz überstanden, und in Badelatschen durch dieselbe zu patschen, das wäre ja, wie barfuß durch die Hölle zu gehen. Wenn Sie heute das angezogen haben, was Sie zum Pilzesuchen in der Dübener Heide tragen, sind Sie allemal richtig angezogen.

Wir stehen also noch ganz am Anfang, etwa Anfang des 4. Jahrhunderts, und da wird es für die Sachsen langsam Zeit, aus dem Dunkel der Vorgeschichte hervorzukrauchen. Wenn Sie, liebe/r Löser/in, die Landkarte zur Hand nehmen und einen Strich ziehen, von Hamburg, sagen wir, nach Hannover und von Bremen nach Lüneburg, dann haben wir den richtigen historischen Schauplatz markiert. Es ist eine Gegend, die so einsam, karg und verlassen wirkt, daß man im 20. Jahrhundert Atommüllendlager einrichten muß, um ein wenig Leben und Abwechslung in die Landschaft zu kriegen.

Was sich da vor uns in der Heide lagert, sind keine wilden Horden, es sind unsre lieben Vorfahren: Nicht allzu schlank gewachsen, mehr breit als hoch, würde ich sagen, mit einer mittelschweren Neigung zu Bauchansatz und Stirnglatze.

Ja, so sind sie eben, unsere Urahnen, man kann sich seine Vorfahren nicht aussuchen! Und wenn Sie sich mal drei Tage nicht rasieren, sieben Tage nicht waschen und dreizehn Bier in sich hineingeschnorchelt haben, dann werden Sie, lieber Herr Löser, verwundert feststellen, wie schnell Sie Ihren Ahnen ähneln können.

Aber es geht heute ja nicht um den Schönheitspreis oder um das Gesicht des Jahres 401, es geht um die Zukunft der Sachsen. Die Herren Vorfahren, Damen haben sie heute leider nicht mitgebracht, die da vor uns auf der Heide herumlungern und einen Suppentopf umzingelt halten, sind nämlich die stolzen und freien Sachsen. Nein, liebe/r Löser/in, wir müssen uns doch nicht vor denen verstecken! Historisch gesehen sind wir noch gar nicht anwesend. Außerdem, wo will man sich denn in der Lüneburger Heide schon groß verstecken? Aber, was rede ich, hören wir ihnen doch einfach zu. Freie Vorfahrt unsern freien Vorfahren!

»Also, jetzt müssen wir uns mehr oder weniger bald mal entscheiden! Wolln wir nun in die Geschichte eingehn oder nicht? Wenn wir nämlich noch lange rummurksen, ist der Zug der Zeit abgefahren, denn wer zu spät kommt, den bestraft das Leben. Die halbe Hälfte von uns Sachsen ist schon weg – ist nübergemacht nach England. Die sehen wir nicht so bald wieder.«

Der das gesagt hat, ist ein kleiner emsiger Zausel und schnippelt gerade mit seinem Sax[6] aufgeregt an einer Urzwiebel herum.

Sein Nebenmann kratzt emsig den Sand von einer Heidemöhre und schüttelt dabei seine traurigen Hängebacken: »Äh, lasse die doch! Die werden schon sehn, was sie davon haben, wenn sie egal abhaun! Mit Skoten und

6 Sax ist das berühmte einschneidige Schwert der Sachsen, von Historikern fälschlich für ein Kampfschwert gehalten, weshalb der Name Sachsen für eine Kampfgenossenschaft stehen soll, es war aber weiter nichts als ein überdimensioniertes Zwiebelmesser, das der Ur-Sachse bei seiner Vorliebe für Gemüsesuppen trefflich zu handhaben wußte.

Pikten müssen sie sich jetzt rumschlagen! Das wäre nichts für mich.

> *Mit einem Skot zur Not,*
> *aber mit eim Pikt lieber nickt!*[7]

Sollnse nur alle fortmachen, wir werden denen schon zeigen, daß wir Dableiber mit dem Rest auch noch was zuwege bringen!«

»Dafür sind sie aber schon in die Geschichte eingegangen und dürfen sich jetzt Angelsachsen nennen. Ganze Landstriche hamse eingesachst, Südsachsen, Ostsachsen, Westsachen und Mittelsachsen[8] gibt es jetzt schon dort in England! Das gibt es noch nicht einmal bei uns! Und wir, die wo wir die eigentlichen Zentralsachsen sind, wissen noch immer nicht, in welche Richtung wir uns bewegen sollen! Wenn wir nicht bald lossiedeln, werden sie noch Niedersachsen zu uns sagen – oder gar Ostfriesen!«

»Nischt ist mit Rumziehen. Wir sind Sachsen, das kommt von Sasse, und das heißt Ansässiger! Und ein Ansässiger sitzt an und siedelt nicht rum!« Der sich jetzt eingemischt hat, ist mit Abstand der größte und schwerste der Versammelten, was seinen Worten besondere Überzeugungskraft verleiht. Man sieht ihm an, daß er nicht immer auf sicheren Füßen steht und mit dem Beginn der Völkerwanderung gerne noch ein Weilchen gewartet hätte – vielleicht sogar bis zur Einführung des Schubkarrens, der ja bekanntlich im 4. Jahrhundert in China erfunden wurde, aber leider erst Jahrhunderte später nach Europa kam. Die Stärke des Starken ist eindeutig das Sitzen. Er ist der geborene Aussitzer und Vorsitzende. Überall, wo er sitzt, sitzt er und füllt diese Funktion gewissenhaft aus. Man hatte von ihm heute

---

7 Dieser kleine Spruch zählt unter Gebrauchslyrik und zu den ersten mündlich überlieferten sächsischen Dichtungen.

8 Was die Engländer in Unkenntnis ihrer sächsischen Herkunft heute mit Sussex, Essex, Wessex und Middlesex bezeichnen.

eigentlich einen richtungweisenden Vorschlag erwartet, aber sein konservatives *Hiergeblieben!* war bis jetzt weder interessant noch richtungweisend.

Die Versammlung schweigt also vorsichtshalber zustimmend, denn einen vernünftigen Gegenvorschlag hat keiner parat. Da meldet sich schließlich doch noch einer, ein kleiner, nervöser Bursche mit dem Habitus eines abgewickelten Hochschulprofessors, der seine letzte Chance wittert.

»Na ja«, sagt er und stochert aufgeregt im Suppenkessel herum. Das Kurzschwert hat man ihm aus Arbeitsschutzgründen weggenommen. Ein blutiger Leinenstreifen, der sich um seinen linken Daumen schlingt, macht deutlich, daß dies aus gutem Grunde geschehen ist. »Irgendwann müssen wir aber unsern Platz in der Geschichte einnehmen. Immerhin hat uns der berühmte Ptolemäus schon vor 200 Jahren schriftlich erwähnt! Damit sind wir involviert!«

»Was heißtn das?« fragt der große Sitzegern irritiert.

»Das heißt, wir sind schon voll drin in der Geschichte.«

»Das glaube ich nicht. Davon hätte ich ja was merken müssen! Wer hatn dir das eingeredet?«

»Na, der Ptolemäus eben!«

»Vielleicht war das eine gezielte Falschmeldung!«

Der Kleine läßt sich aber nicht beirren: »Nein, das war keine Falschmeldung. Das habe ich aus erster bester Hand! Also, es war nicht der Ptolemäus persönlich, es war eine Art Kollege von mir, einer, der aus dem nahen Südosten bei uns letzte Woche dienstlich vorbeigenomadet ist. Eine durchaus verläßliche Quelle!«

»Diese verfluchte Völkerwanderung! Dauernd kommen Leute mit irgendwelchen Informationen vorbei … Früher, als wir noch das Land der Ahnungslosen waren, da herrschte eine himmlische Ruhe bei uns. Dieses Hinundhergewandere hätte man glatt verbieten sollen! Wer von euch hatte denn damals eigentlich die Schnapsidee, den Limes niederzureißen und alle möglichen Ausländer reinzulassen?«

»Wir nicht, das waren wie immer diese Westgermanen!« rufen alle in der Runde und schütteln drohend ihre Rüben, Möhren und Zwiebeln.

»So ein Wahnsinn aber auch! Diesen schönen antirömischen Schutzwall setzt uns in den nächsten fünfzehnhundert Jahren keiner mehr so billig in den Sand! Jetzt kommen natürlich ungehindert alle möglichen und unmöglichen ethnischen Minderheiten zu uns rein und verlangen Unterkunft und Sozialhilfe. Und was bringen sie uns dafür mit? Informationen, Weltanschauungen, Religionen und Kultur, also lauter so Zeug, was man nicht in die Suppe schneiden kann!« Er schaut drohend in die Runde, aber woher soll nach so einer überzeugenden Rede schon Widerspruch kommen!

Die traurige Hängebacke pflichtet ihm emsig bei: »Dieser dolle Mähus soll ja ein ziemlich verschrobenes Weltbild haben. Für den ist die Welt eine Scheibe! Müßt ihr euch mal vorstellen! Alles ist eine einzige große Scheibe, und wir mittendrin! Der hat uns da einfach in die Scheibe hineingezogen, ohne viel zu fragen. Scheibe, das ist ja lachhaft! Ich weiß nicht, ob es klug wäre, wenn wir uns so einfach widerstandslos in so ein Geschichtsbild einfügen täten!«

»Verbieten, abschieben, ausbürgern, abwickeln!« tönt es in der Runde, und der Große Vorsitzer zerhackt dabei im Rhythmus eine Jagdwurst.

»Na klar, freilich, ich sehe das auch so«, piepst der Kleine. Er ist einen Schritt zurückgetreten, denn er hat Angst, bei so viel urtümlicher Begeisterung ebenfalls in die Suppe geschnippelt zu werden. Er wischt sich unschlüssig einige Fettspritzer von der Glatze, wagt sich dann aber wieder vor und stochert dabei noch nervöser in der Brühe herum. »Nur eben ganz aus der Geschichte kann man sich auch nicht raushalten. Weil, die ist ja objektiv!«

»Was heißtn das schon wieder?« fragt der Vorsitzer aufgeschreckt.

»Das heißt: Die Geschichte macht mit uns, was sie will und wann sie es will, ohne groß zu fragen!«

»Na, das wolln wir doch erst mal sehen!« Jetzt droht der Dicke sogar aufzustehen.

Der Kleine versucht ihn zu beschwichtigen: »Andererseits ist es doch auch ein erhebendes Gefühl, wenn man in der Geschichte gut ankommt!«

»Kann man erhebende Gefühle auch im Sitzen haben?« will der Dicke jetzt wissen.

»Natürlich«, sagt der Hänfling und redet, als könne er mit Argumenten das gesunde Volksempfinden beeinflussen, »erhebende Gefühle kann man sogar im Liegen haben, überall kann man die haben, aber besonders große eben nur in historischen Momenten. Geschichte schmiedet nämlich ein Volk zusammen! Die Kinder haben dann in der Schule Zahlen und Namen zu pauken und kommen nicht auf irgendwelche dummen Gedanken. Also nach mir geht es ja nicht, aber wenn es nach mir ginge, dann täte ich sagen, wir müßten jetzt ganz allmählich und schön langsam, aber immerhin bald, in die Geschichte eintreten.«

»Nach dir geht es aber nicht!« brüllt der Vorsitzende und schleudert eine Speckschwarte in den Suppenkessel!

»Ich weiß, ich weiß! Aber nur mal angenommen, es ginge nach mir, dann täte ich auch noch folgendes beachten: Wenn wir jetzt nicht in die Gegend einwandern, wo wir von Rechts wegen demnächst erwartet werden, dann gibt es dort ein historisches Loch, und haste gesehen, setzt sich ein anderer Volksstamm nein, der Sorbe oder der Franke … Und ein bissel Völker-Gewandere täte uns auch aus gesundheitspolitischen Erwägungen heraus gar nichts schaden. Man muß es ja nicht gleich übertreiben wie die Nibelungen oder die Langobarden und so lange wandern, bis man ausstirbt. Dreihundert Kilometer Luftlinie südostwärts, das täte uns fürs erste reichen. Die Welt sieht den guten Willen, wir kommen an die frische Luft und sind trotzdem nicht so lange unterwegs! Zu den nächsten Feiertagen könnten wir uns schon wieder fest angesiedelt haben. Wir ham nun mal den Ruf eines reisefreudigen Völkchens, ein bissel Rumwandern gehört da zur Image-Pflege!«

»Quatsch!« schmettert ihn der Große Vorsitzende ab. »Wir wandern, wenn wir wollen, nicht, wenn alle wandern!«

»Jaja«, sagt der Kleine, gibt aber immer noch nicht auf und kramt ein letztes Argument hervor, »es gibt natürlich auch noch politische Gründe ...« Er senkt bedeutungsvoll die Stimme und genießt die Aufmerksamkeit, die er sich mit diesem Trick für Sekunden ergaunert hat: »Wenn wir, nur mal angenommen, nicht wandern täten ...«

»Sage ich doch die ganze Zeit!«

»... wenn wir also hierbleiben täten, dann käme es über kurz oder lang zu Komplikationen mit den Franken, weil die irgendwann vielleicht dahin wollen, wo wir jetzt noch sind!«

»Die solln nur kommen«, ruft Freund Hängebacke und versucht energisch auszusehen, was aber mit Hängebacken schwer hinzukriegen ist, »aus denen machen wir Pflaumenmus! Wir wähln uns einen Herzog, und dann haun wir die nach Strich und Faden zusammen!«

»Wen wollt ihr denn eigentlich zum Herzog wählen?« fragt der Sitzriese scheinheilig.

»Na, dich!«

»Dachte ich mirs doch!« registriert der Vorsitzende zufrieden. »Gut, aber das hat noch Zeit. Herzog hat doch bestimmt auch was mit Herumziehen zu tun, und ich laufe nun mal nicht gerne!«

»Also ...«, der Kleine macht noch einen allerletzten

kläglichen Versuch, »an der Elbe könnten wir sogar richtigen Wein anbauen!«

»Hohoho!« Jetzt lachen sich alle krumm. »Was brauchen wir Wein, solange wir Bier haben! Ja, wenn man dort Kaffee anbauen könnte!«

»Also, Schluß aus und Essig, jedenfalls für die nächsten zweihundert Jahre wird hier nicht völkergewandert, wir bleim, wo wir sind!« donnert der Große und schüttet dabei den Rest seiner Wurststückchen in das brodelnde Wasser, daß es nur so spritzt.

»Mir bleiben hier! Mir bleiben hier! Mir bleiben hier!«

Der Vorsitzende nickt bei- und selbstgefällig, unterbricht aber nach einer Weile doch den Sprechchor für das jetzt fällige Schlußwort: »Die Geschichte kann uns mal! Man muß nicht gleich jede Mode aus dem Süden oder Westen mitmachen! Wir sind nicht für so neuartiges Zeug geschaffen. Wenn wir mal eine Geschichte nötig haben sollten, dann machen wir uns die selber! Dazu brauchen wir keinen dahergelaufenen Dollemähus! Oder was meint ihr?«

»Das meine ich auch«, sagt Freund Hängebacke. »Ich weiß zwar nicht, ob man sich auf Dauer aus der Geschichte ganz raushalten kann, aber eines weiß ich, man kann es wenigstens versuchen!«

»Und was meinst du?«

»Also ich«, sagt der Zausel, der das Gespräch begonnen hatte, »ich würde sagen, wir könnten jetzt essen!«

Sehen Sie, liebe/r Löser/in, da haben wir gleich zu Anfang tüchtiges Historikerglück gehabt und gerade an einer außerordentlichen und folgenschweren Beratung teilgenommen. Die Zeit vor der sächsischen Geschichte ist ja nicht historisch exakt gegliedert, man weiß also nicht genau, wer, wann, wo und was war! Wir haben einfach aufs Geratewohl im Heuhaufen herumgestochert und gleich die Nadel gefunden, an der der rote Faden befestigt ist, der sich durch die sächsische Geschichte zieht. Wir können uns nun erklären, warum die Sachsen erst so spät in die Geschichte eingetreten sind und in einer Zeit, in der andere Völkerstämme schon lange Europa kreuz und quer durchwanderten und mit gewaltigen Bluttaten auf sich aufmerksam zu machen versuchten, in relativer Unschuld noch ihr eigenes bescheidenes Süppchen kochten.

Ach, das interessiert Sie nicht? Ich versuche Ihre historische Bildung zu verbessern, und Sie, Sie interessiert das einfach nicht! Ja, wofür interessieren Sie sich denn dann?

Was das für eine Suppe ist, die Ihnen so appetitanregend in die Nase fährt? Aber gerade Sie, liebe Frau Löser, Sie werden doch wohl die gute Sächsische Kartoffelsuppe kennen? ... Na? ...

Ach so, Sie haben es tatsächlich gemerkt, Kartoffelsuppe konnte das nicht sein. Die Kartoffel wuchert doch zu diesem Zeitpunkt noch völlig ahnungslos und unversuppt in Südamerika! Aber andererseits, spricht es nicht auch für den Einfallsreichtum der Sachsen, in Mangelzeiten und bar jeder Kartoffel eine einigermaßen schmackhafte Kartoffelsuppe hinzukriegen?[9]

1. LEHRE AUS DER GESCHICHTE:

Geschichte ist immer das, was wir darunter verstehen – und: Man muß auch abwarten können.

9 Das Rezept einer echten sächsischen Kartoffelsuppe findet der geschmackvolle Leser am Ende unseres Buches.

Große Teile des heutigen Freistaates, die Gebiete an der
mittleren Elbe, gehörten jahrhundertelang zum Thüringer-
reich, das 531 von den Franken vernichtet wurde. Diese
Gebiete standen während der römischen Kaiserzeit unter
dem Einfluß römischer Kultur und Wirtschaft. Die Eisen-
herstellung war bekannt, und der Adel fühlte sich als die
neue gesellschaftliche Kraft. Während der Völkerwande-
rung ziehen die Burgunder und Langobarden durch Sach-
sen, ehe sich im 6. Jahrhundert slawische Stämme nieder-
lassen.

2. Kapitel
Welches nicht direkt in die sächsische Geschichte hineingehört,
weil Sachsen darin nur gesprächsweise vorkommen,
was aber aus ordnungspolitischen Gründen
unter Nummer 2 geführt werden muß!

Liebe/r Löser/in, wenn Sie nicht umblättern, dann kommen Sie natürlich auch nicht mehr mit, und ich warte mir
einen Knoten in den Fortgang der Geschichte. Andererseits haben Sie ja recht, selbst das 5. Jahrhundert unserer
Zeitrechnung findet die Sachsen nicht da, wo wir sie
sehnlichst erwarten und wo sie unserem Empfinden
nach hingehören: in der Gegend zwischen Leipzig, Torgau und Dresden.

Und selbst wenn wir noch ein Käffchen trinken und
dabei den Beginn des 6. Jahrhunderts abwarten, sie kommen und kommen einfach nicht, unsere historischen
Brüder! Die Burgunder wandern mal kurz vorüber, ziehen dann aber weiter, dahin, wo der Wein wächst. Selbst
die Langobarden schauen auf der Durchreise nach Italien
in Dresden vorbei und machen dort ihr Nickerchen[10],
aber wer nicht kommt, das sind unsre lieben, angeblich
so reiselustigen Sachsen!

10 Wie die Funde in Nickern bei Dresden belegen.

Ich schlage also vor, wir vertreten uns zwischenzeitlich noch ein wenig die Füße und steigen, des historischen Überblicks halber, hinauf aufs Elbsandsteingebirge. Wie wärs mit dem Lilienstein, der spielt sonst historisch kaum eine Rolle. Und eine Aussicht hat man da, fast wie vom Königstein!

So, das haben Sie nun von Ihrer Bummelei, liebe/r Löser/in, gerade vor uns sind schon welche. Wir sind wieder nicht die einzigen auf dem Gipfel! Das ist ärgerlich, denn es sind nicht Sachsen! Es sind Sorben, aber die scheinen historisch auch so ihre Schwierigkeiten zu haben …

Was meinen Sie da? *Wer Sorben hat, hat auch Likör* … Na ja, wir wollen doch ein wenig auf unser kulturelles Niveau achten, lieber Herr Löser!

Die beiden haben aber tatsächlich Probleme. Sie gehören nicht zusammen, haben sich hier nur mehr oder weniger historisch zufällig zusammengefunden. Eigentlich stammen sie aus ganz verschiedenen Weilern. Während der eine einen recht kurzweiligen Eindruck vermittelt, sollte man den anderen eher für einen ausgesprochenen Langweiler halten. Er hat es sich auf einem umgefallenen Baumstamm bequem gemacht und kaut an einer Ziegenkäserinde herum.

Den Kurzweiler hingegen hält es nicht auf seinem Hosenboden. Er steht ganz vorn am Steilhang, wo unsereins die schönsten Schwindelgefühle bekommt, und schwärmt begeistert über alle Abgründe hinweg: »Gucke dir nur mal die schöne Gegend an! So eine schöne Gegend aber auch. Anmutig, ja lieblich könnte man fast dazu sagen! Nicht zu hoch und nicht zu flach, nicht zu naß und nicht zu trocken, nicht zu kalt und nicht zu warm! Und kein Mensch weit und breit! Keine Sau, nirgends! Unbesudelt und unbesiedelt! Alles leer!« Er breitet schwärmerisch seine Arme aus und wedelt damit, als sei er der Ururvater von Otto Lilienthal und wolle geradewegs in Richtung Dresden oder Lommatzsch starten.

Sein Gipfelbruder ist nicht so mit dieser Welt zufrieden und brummt vor sich hin: »Es ist eine Frechheit, eine Sünde und Schande, eine Verschwendung, ja eine Zumutung ist das!«

»Na, aber ich bitte dich! Wieso denn? So ein schöner Landstrich! Die Wälder, nicht zuviel Laub und nicht zuviel Nadeln – die Wiesen, nicht zu sauer und nicht zu süß! Die Gewässer, vom Hecht bis zum Lachs und vom Aal bis zur Schleie, alles drin! Sogar Krebse krebsen noch rum! Und das schöne Wild, nicht zu zahm und nicht zu wild! Bienen gibts, man kommt direkt ins Schwärmen ...«

»Jetzt höre aber auf«, erbost sich der Mißmutige, »ich meine doch nicht die Landschaft, die ist schon in Ordnung! Ich meine diese blöden Sachsen. Seit zwei Jahrhunderten solln sich die hier hinsiedeln, aber nischt ist! Tun einfach nicht dergleichen! Die Hermunduren[11] sind schon eine halbe Ewigkeit wieder fort, und wer kommt und kommt nicht? Die Sachsen!«

»Es liegt vielleicht daran, daß die da oben einfach nicht von ihrer Küste wegkommen. Sachsen solln ja reineweg verrückt nach einem Badeurlaub an der See sein! Und jetzt, wo sich das Wetter nach der letzten Eiszeit doch noch so angenehm entwickelt hat, ist das kein Wunder. Bis zur nächsten Eiszeit gehn die da nicht weg! Vielleicht hamse sich auch paar schöne Datschen gebaut oder Betriebsferienheime! Die gibt man ja nicht ohne Not auf!«

»Klar, das sieht denen ähnlich, überall eine kleine Laube hinsetzen und die Weltgeschichte ihren Gang gehen lassen. Aber du wirst sehen, kaum ham wir uns hier

11 Der dämlichste germanische Völkerstamm, der je gelebt hat! Bringt er es doch fertig, sein ursprüngliches Siedlungsgebiet, das schöne Sachsen, zu verlassen, um im hinterwäldlerischen Thüringen zu versauern. Redet sich mit angeblicher Zwangsaussiedlung wegen obligatorischer Völkerwanderung heraus.

angesiedelt, kommse angeschissen, präsentieren groß-kotzig ihre Rückgabeforderungen und behaupten, es wäre ihr historisch angestammtes Siedlungsgebiet!«

»Na, erlaube mal, man kann doch nischt zurückhaben wollen, was einem noch nie gehört hat! Jedenfalls heut-zutage noch nicht! Da hätten sie eben zur Völkerwande-rung pünktlich losziehen sollen! Dann wären sie jetzt da, wo sie hingehören, und alle Eigentumsansprüche wären geklärt.«

»Denen traue ich alles zu! Am Ende wollnse von uns auch noch für irgendwas entschädigt werden!«

Der Ur-Lilienthal ist nun doch ein wenig nachdenk-lich geworden, aber er schiebt alle Einwände trotzig bei-seite: »Und wenn sie nun überhaupt nicht kommen? Dann ist Pumpe, dann bleibt das alles hier ungenutzt, einsam und leer! Vielleicht kommen noch irgendwelche Mongolen, Ungarn oder Tataren angewimmelt und ma-chen sich einen Fetten! Also wir Daleminzer«, entschei-det er schlußendlich, »wir riskieren es. Ich ziehe jetzt mit meiner Familie in Richtung Lommatzsch, da solls eine satte Krume geben. Es wäre doch jammerschade, wenn man das ganze schöne Land wegen der blöden Sachsen brachliegen ließe. Und Stillegungsprämien gibts ja auch noch nicht! Gib dir einen Ruck und komme mit!«

»Mag sein, mag sein«, murmelt der Zauderer und win-det sich, »siedeln tun wir schließlich auch, man kann das gute Stück Land ja nicht so verkommen lassen. Aber wir Milzener sind da schön vorsichtig! Ich bleibe mit meiner Sippe lieber bissel östlicher, dort wo das Sächsische schon fast wieder schlesisch wird. So in der Gegend um Bautzen rum vielleicht, da werden wir unsere Weiler auf-schlagen, da ist es erstemal sicherer!«

»Na klar«, höhnt der Draufgänger, »immer schön vor-sichtig! Aber ich will dir mal eins sagen: »Wer nichts riskiert, der kommt auch nicht nach Bautzen!«

»Und wer zuviel riskiert, der kommt nach Waldheim!« Der Langweiler schluckt den Rest seiner Ziegenkäserinde in sich hinein und klettert schön vorsichtig ostwärts in die Felsen.

Der Kurzweiler dagegen schüttelt entschlossen den Kopf und wirbelt in die Tiefe. Er hüpft von Fels zu Fels, geradewegs hinunter ins Tal, wo seine Stammesgenossen schon ungeduldig auf ihn warteten. »Wo solls denn nun hingehen?« schallt es ihm lautstark entgegen.

»Wir ziehn nach Lommatzsch!« winkt er seinen Leuten zu.

»Hejo, wir ziehn nach Lotz!« tönt es erfreut zurück.

»Nicht nach Lotz, nach Lommatzsch!«

»Hejo, wir ziehn nach Matsch!« jubelt das Echo vom Fuße des Liliensteins.

»Auch nicht nach Matsch, verflucht noch mal, nach Lommatzsch!«

»Ach so, Lommatzsch, warum hast du das nicht gleich gesagt, das ist ja noch viel schöner! Wird auch langsam Zeit, daß wir aufbrechen! Und wie ziehn wir dahin«, fragt es ihm entgegen, »hintenrum, elbaufwärts über Pirna, Dresden und Meißen?«

»Nein!« brüllt er zurück, »vornerum, untenrum, über Waldheim!«

2. LEHRE AUS DER GESCHICHTE:

Wer zu spät kommt, den bestraft manchmal das Leben. Wer aber überhaupt nicht kommt, der kann auch nicht bestraft werden.

Die in Norddeutschland siedelnden Sachsen geraten mit dem sich schnell ausdehnenden Frankenreich in Konflikt, der in der zweiten Hälfte des 8. Jahrhunderts mit der gewaltsamen Einvernahme und Christianisierung des sächsischen Herzogtums einen vorläufigen Abschluß findet. In den Sachsenkriegen (772–804) unterwirft Karl der Große den Sachsenherzog Widukind, der sich daraufhin 785 taufen läßt. Die Aufstände dauern aber noch bis zum Beginn des 9. Jahrhunderts an. Dann erst wird das Herzogtum Sachsen dem Reiche der Karolinger einverleibt.

3. Kapitel
oder
Wieder ein Kapitel, welches noch nicht direkt in
die sächsische Geschichte hineingehört, aber die Spannung
auf das endgültige Auftauchen der Sachsen in Sachsen
ungeheuer erhöht und nichts für schwache Naturen ist,
denn es kommt zu Bluttaten!

Ich kann das ja alles sehr gut verstehen, lieber Löser, der Kühlschrank ist nun mal getränkemäßig besser besattelt als ein Geschichtsbuch, und, liebe Löserin, Schoko-Eis kann ich Ihnen auch nicht anbieten! Aber wenn Sie vor jedem Kapitel mehrere Flaschen Bier als Wegzehrung herausholen, dann werden Sie es kaum bis zum fünften schaffen, wo es dann richtig sächsisch werden soll. Ich schlage Ihnen vor, ich erledige das dritte Kapitel ohne Ihre Hilfe, das vierte meinetwegen auch noch. Sie widmen sich indessen dem Inhalt des Kühlschranks oder den Tagesthemen mit Lottozahlen und schalten sich so auf Seite 47 bei mir wieder zu …

Die zeitweilige Abwesenheit der Lösers möchte ich schamlos ausnutzen, um in der Geschichte kühner voranzukommen, als es mir bisher möglich war. Ich begrüße an dieser Stelle einen lieben Gast, den Herrn Einhard. Herr Einhard ist fast ein Namensvetter von mir und auch sonst in einem artverwandten Berufe tätig. Herr Einhard ist nämlich Schreiber und Biograph Karls des Großen. Könnte man das so sagen?

»Man kann das so sagen. Aber Schreiber ist ein wenig tiefgestapelt, das klingt ja bald so wie Stenotypist oder Sekretär. Wobei, Sekretär käme schon eher in meine Richtung. Aber wenn ich schon Sekretär sein soll, dann doch wohl wenigstens 1. Sekretär, oder sagen wir noch deutlicher: Ich wäre der Generalsekretär von Karl dem Großen.«

Gewissermaßen könnte man sagen, was der Herr Hinze dem großen Helmut war, sind Sie dem Großen Karl …

»Richtig! Wir Schreiber, müssen Sie wissen, waren damals eine Macht!«

Sind sie das heute nicht mehr?

»Ja, aber nur in der Boulevardpresse oder wenn sie Familienserien für das Fernsehen schreiben! Damals gab es *Bild* weder gedruckt noch elektronisch! Ja, ich war weit und breit der einzige, der überhaupt schreiben konnte. Und lesen konnte auch keiner und schon gar nicht das, was ich geschrieben hatte. Alles, was ich mühsam aufs Pergament brachte, mußte ich, wenn es dumm kam, auch noch selbst vorlesen. Da hatte ich die Schnauze vielleicht voll … Ringsum im Lande machte keiner Anstalten, das Lesen zu lernen. Wozu schreibst du eigentlich, wenn es dann doch keiner lesen kann, habe ich mich oft gefragt!«

Da hat sich in den letzten zwölfhundert Jahren nichts geändert, denn das fragen wir uns heute auch noch, Kollege Einhard. Jetzt fragt man nur: Wozu schreibst du eigentlich, wenn es keiner lesen will?

»Ja, aber Sie müssen Ihr eigenes Geschreibsel nicht auch noch dauernd vorlesen!«

Das ist richtig. Wenn Sie der einzige waren, der lesen

konnte, mußten Sie es mit der Wahrheit wenigstens nicht immer so genau nehmen?

»Wahrheit wurde es immer erst, wenn ich es aufgeschrieben hatte. Vorher war alles Gerücht, Sage, Märchen, Kult. Alles, was ich nicht aufgeschrieben hatte, wurde irgendwann automatisch vergessen und konnte somit keine historische Wahrheit werden.«

Sie hatten sozusagen noch die Möglichkeit, schriftlich und aktuell in die Geschichte einzugreifen, das war ein beneidenswerter Job!

»Beneiden Sie mich nicht zu sehr, denn eigentlich hatte ich nicht Schreiber werden wollen. Ich wollte viel lieber zeichnen, malen ... Die Anfangsbuchstaben meiner Texte schön bunt ausgestalten und mit Gold unterlegen, das hat mir viel besser gefallen! Das war meine Welt. Das war meine Erfüllung! Auf den Inhalt meiner Texte konnte ich gut und gerne pfeifen!«

Wenn Sie so gerne Buchstaben ausgemalt haben, werden Sie aber nicht viel zum Schreiben gekommen sein? Diese Ausmalerei braucht ja ihre Zeit?

»Das ist richtig, es war aber nicht viel los in Deutschland. Das meiste mußte nicht aufgeschrieben werden, das konnte man sich noch merken. Am Hofe waren damals tatsächlich welche angestellt, die sich noch etwas merken konnten! Und Schreiben war damals kein Handwerk, das war ein Kunstwerk! Aber so ein, zwei Ereignisse im Jahr, die mußten schon aufgeschrieben werden!«

Deshalb habe ich Sie ja auch zu mir gebeten. Es geht um die Sachsen. Sie haben darüber geschrieben! Was waren das für Leute? Welche Eindrücke hatten Sie von ihnen?

»Nun, wenn ich ehrlich sein soll, ich habe sie nicht sonderlich gemocht. Machten nur Arbeit. Wenn ich schon mal dachte, jetzt hast du ein halbes Jahr Pause, da kannst du in aller Ruhe eine Initiale ausmalen oder zwei ... Schon kam ein modderverschmierter reitender Bote aus dem Norden, brachte eine Sachsenbotschaft[12], und ich mußte wieder ein frisches Pergament vorlegen, frische Tinte anrühren, Federn zurechtschneiden, Hilfslinien ziehen! Und dann brachte der Bote nur Meldungen, die mich einen alten Käse interessierten. Nichts über Kultur und Wissenschaften, nichts über das Intimleben angelsächsischer Königsfamilien, nichts über Erdölfunde in der Nordsee, nein, er meldete unentwegt Kriege und Aufstände – es war zum Zustände kriegen! Und Kriegsgründe lieferten uns die Sachsen ja ständig: Einerseits wollten sie keine Christen, andererseits aber auch keine Franken werden.«

Naja, das ist ja verständlich, wer nennt sein Volk schon gerne nach einer Währungseinheit?

»Warum denn nicht, wenn sie stabil genug ist, und wir Franken waren damals noch was wert! Nur eben mein Chef, der Große Karl, sah manchmal richtig mitgenommen aus. Je niedergeschlagener die Aufstände waren, desto niedergeschlagener war auch der Frankenkönig. Im 7. Jahrhundert hatten wir die Sachsen dann endlich einmal soweit, daß sie uns jährlich 500 Rinder als Tribut zahlen mußten. Das war ein gefundenes Fressen für uns! Aber es ging nicht lange gut, bald mußten wir ihnen das wieder erlassen. Sie hatten nämlich einen Einfall. Also nicht sie, die Wenden hatten einen Einfall gemacht, und den wollten die Sachsen postwendend zurückschlagen. Das war natürlich ohne einige Rindviecher nicht zu machen. Da haben wir ihnen den Tribut erlassen und uns anderswo nach Ochsen umgeschaut, und Sie werden es nicht glauben, wir haben welche gefunden!

So ging das mit den Sachsen also immer hin und her! Nachdem im Jahre 770 das Hufeisen erfunden wurde, dachte der gute Karl, das Kriegsglück sein ihm hold.

12 Was eine Tatarenmeldung war, wozu wir heute aber Spitzenmeldung oder Aufmacher sagen würden.

Deshalb hat er dann 772 die Sachsenkriege ausgerufen! Im guten war ja mit ihnen nicht mehr auszukommen. Und wir haben, weiß der Himmel, alles versucht! 4500 Stück von ihnen haben wir an einem einzigen Tag mit dem Schwerte hinrichten lassen ...«

Das nennen Sie im guten?

»Freilich, wir hätten ja auch 9000 hinrichten lassen können oder 18 000! Dagegen sind 4500 doch wirklich eine verschwindend geringe, wenn nicht sogar humane Zahl!«

So gesehen haben Sie natürlich recht. Wie kommen Sie eigentlich auf die kuriose Zahl 4500? Warum haben Sie nicht eine gerade Zahl geköpft, 1000 oder 10 000?

»Das kann ich Ihnen leider auch nicht sagen, ich war ja kaiserlicher Schreiber und nicht Rechner! Zwischen 1000 und 10 000 konnten wir sowieso noch nicht unterscheiden, denn die Null wurde ja erst um das Jahr 810 von einem Araber erfunden. Der Oberhofzähler konnte aber mit Hilfe seiner Finger immerhin bis 999 zählen, was damals noch gerade ausreichte, die Jahreszahl festzulegen. Für alle anderen Zahlen will ich also nicht die Hand ins Feuer legen, es wird sich dabei um erste Hochrechnungen gehandelt haben.«

Aber auch geschätzte 4500 Hinrichtungen sind für jeden direkt Betroffenen eine zuviel!

»Ja, glauben Sie dabei nicht, uns sei das leichtgefallen! Das hat uns viel Kraft gekostet! Der Scharfrichter, der die Exekution in einer Sonderschicht hat übernehmen müssen, klagte noch drei Wochen später über Muskelkater! Anschließend war er zu nichts Gescheitem mehr zu gebrauchen. Wenn Sie mich fragen, der hatte psychisch einen Knacks. Wenn er danach nur so zwei-, dreihundert Hälse auf einem Block liegen sah, hat er sich schon krank gemeldet. Selbsthilfegruppe und autoritäres Training halfen auch nicht ... Ich glaube sogar, wir haben ihn in den vorzeitigen Ruhestand schicken müssen –

oder war er etwa kein Beamter? Na, dann hat er sicher ein Altersübergangsgeld bekommen? Genau weiß ich das heute auch nicht mehr, denn ich war ja nicht für Zahlen verantwortlich, sondern für Buchstaben. Ich hatte aber seinerzeit alles schön aufgeschrieben. Leider weiß ich nicht mehr, wo die Akten hingekommen sind, vielleicht sind sie irgendwann vernichtet worden.«

Ja, das kommt bei Scharfrichterakten häufig vor. Soweit also zum Henker, aber was war mit den Opfern?

»Welche Opfer? Ach so, die Sachsen! Na, tot waren die, hatte ich das nicht gesagt? Eine Hinrichtung mit dem Schwert überlebt man nicht oft, besonders wenn es dabei um den Hals geht! Sind aber auch selber dran schuld gewesen, diese sturen Säcke. Waren, zum Teufel komm raus, einfach nicht für das schöne moderne Christentum zu begeistern.

Na, dann haben wir eben ihre Irminsäule, was damals ein Baum und sogleich das sächsische Nationalheiligtum gewesen ist, kurzerhand umsägen lassen …«

… und damit zugleich das Waldsterben erfunden!

»Nun tun Sie mal nicht so unschuldig. Sie machen es doch heute noch genauso. Wenn da paar eigensinnige Landleute nicht mehr so recht an die segenbringende Wirkung eines neuen Gewerbeparks oder einer Umgehungsstraße glauben wollen und lieber einigen alten Bäumen die Vorfahrt geben, dann setzen Sie doch auch die Säge an! Und Sägen war im Frühchristentum eine Heidenarbeit! Das können Sie im Zeitalter der Kettensäge gar nicht mehr nachvollziehen! Nur eben geholfen hat es nicht viel. Es lag sozusägen kein Segen drauf oder sozusagen kein Sägen! Die Sachsen jedenfalls sind immer fuchtiger geworden, und was der damalige Obersachse gewesen ist, der Widukind, der hat sich doch dreizehn geschlagene Jahre geweigert, den friedlichen neuen Glauben anzunehmen. Erst als er hinten nicht mehr hoch und vorne nicht mehr runter kam, hat er sich taufen lassen. Aber Ruhe war damit noch lange nicht! Zwei-unddreißig Jahre haben die Sachsenkriege insgesamt ge-dauert, wenn wir uns nicht verzählt haben, und es hätte nicht viel gefehlt, die Sachsen hätten sogar Karl den Großen kleingekriegt!«

Und wie ging die Sache mit den Sachsen dann weiter?

»Gar nicht! Für mich war die Sache erst mal gestor-ben, denn ich hatte unterdessen das Zeitliche gesegnet und also mein letztes Schreiberchen gemacht. Sie müß-ten sich diesbezüglich schon an meine Nachfolger wen-den. Ein Schreiber lebt zwar hin und wieder in seinem Werke weiter, aber eben als Historiker und nicht als Hellseher!«

Aber so eine kleine Geschichtsprognose könnten Sie doch wohl abgeben. Nicht ohne Grund gelten Sie als einer der gebildetsten Köpfe des 8. Jahrhunderts?

»Ich sage nur soviel, und wenn ich zuviel gesagt haben sollte, dann will ich nichts gesagt haben: Aber wenn die Sachsen so weitermachen, dann kommt es soweit, daß sie noch die deutschen Könige stellen. 919, würde ich mal schätzen, ist es soweit, dann wird irgend so ein säch-sischer Heinrich deutscher König! Heinrich der Vögler oder so …«

Vogler, so ist es uns überliefert, Vogler!

»Bitte, wenn Sie genauere Quellen haben. Aber das mit dem König, das stimmt! Gucken Sie nicht so un-gläubig, Sie werden schon sehen! Ein Sachse wird auf alle Fälle König, das ist sicher! Um wieviel Franken wollen Sie wetten?«

3. Lehre aus der Geschichte:

Bestehe nie auf deinem Glauben, denn zwei Glauben sind immerhin besser als gar keiner!

Im Jahre 919 wird der Sachsenherzog Heinrich deutscher König. Er führt Feldzüge gegen die Elbslawen und sichert die Ostgrenze gegen Einfälle der Ungarn. 929 gründet er die Burg Meißen, die später zum Markgrafensitz wird. Von Mark und Bistum Meißen aus wird die Missionierung der Sorben vorangetrieben.

4. Kapitel
oder
Das Kapitel, in dem endlich die Deutsche Mark kommt,
aber noch nicht genau raus ist, ob es eine Ost- oder
eine Westmark wird

Ich muß an dieser Stelle ganz ehrlich zugeben, der bisherige Verlauf der Geschichte befriedigt auch mich nicht. Die Sachsen gründen zwar mächtige Reiche und stellen deutsche Kaiser, aber dort, wo sie hingehören und wo wir verzweifelt auf sie warten, tauchen sie einfach nicht auf. Glücklicherweise hatten die Ungarn verschiedene Einfälle, wie man die störrischen Sachsen ins Land holen konnte. Und als sich die Einfälle häuften, war Heinrich I. gezwungen, in der Gegend um Meißen für seine königliche Ordnung zu sorgen und dort eine feste Burg zu gründen.

Das ist doch wahrhaft ein hübsches Stück Land für frühmittelalterliche Existenzgründer! Die Elbe schlängelt sich elegant durch liebliche Berge, die fast nur aus Südhängen bestehen, weshalb man einen Wein anbauen kann, der im 20. Jahrhundert sogar deutschen Kanzlern munden dürfte[13]! Ein trutziger Felsen ragt auch in die Gegend, auf dem man eine wehrhafte Burg errichten könnte. Von da aus könnte man zugleich allen Verkehr

---

13 Besser, der im 20. Jahrhundert deutschen Kanzlern munden wird, vorausgesetzt, sie heißen oder haben Bran(d)t und sind sauer oder lustig.

(auf der Elbe) total überwachen! Man könnte auch einen Dom erbauen oder eine Fürstenschule einrichten, in der man später einen Lessing an den Ohren heranziehen könnte. Finstere Burgverliese könnte man in die Felsen hauen, um darin später einmal einen Böttger so lange zu gängeln, bis ihm weiter nichts übrig bleibt, als das Porzellan zu erfinden.

Rings um den Burgberg könnte man schöne ziegelbedachte Häuser hinsetzen, die postkartenmäßig denen am Rhein gewaltig Konkurrenz machen würden. Auch eine gemütliche Kneipe, vollgestopft mit historischem Zeugs – allerlei Schieß-, Prügel- und Foltergerät –, nennen wir sie mal provisorisch Vinzenz Richter, ließe sich dort durchaus profitabel betreiben …

Kurz gesagt, man hätte die Gegend völlig im Griff, und das müßte doch den niedersten Niedersachsen aus seiner Niederung locken! Na, es tut sich aber trotzdem nichts … Vielleicht sollte ich noch hinzufügen, daß es bis Radeberg wirklich nicht mehr weit ist … Jetzt hat was gezuckt, im Gebüsch oberhalb des Meißner Burgberges …

Reiter brechen aus dem Gebüsch, schwarze, finstere Gestalten, die mit schweren Kettenhemden und rostigen Rüstungen rasseln. Aber das ist erst die Vorhut, wenn wir auf der Hut sind, kriegen wir vielleicht noch mehr zu sehen. Da, jetzt scheint die Mittelhut gekommen zu sein! Prächtige Gewänder mit goldenen Stickereien auf purpurnen Umhängen sind es, die sich leicht im Brombergestrüpp verfangen. Einer der Ritter trägt sogar einen goldenen Arbeitsschutzhelm, nein, ist denn das die Möglichkeit, es könnte sogar eine Krone sein! Er hat die mit Abstand prächtigsten Klamotten an. Ein großer Edelstein bammelt an einer Kette auf seiner Brust, und dann hat er sogar noch einen in der Krone, einen mächtigen Klunkerstein. Und richtig, wir wollen es nicht glauben … Ist er's? Jawohl er ist's! Er ist es höchstselbst, der Herzog der Sachsen und König der Deutschen, Heinrich I. Und jetzt wollen wir verstummen, zuhören und uns der Erhabenheit des historischen Augenblicks hingeben. Denn was uns hier streift, das ist ...

Nein, das ist kein Bus, liebe/r Löser/in, Sie haben ein schlecht entwickeltes Bewußtsein für die Größe historischer Momente. Was uns hier streift, das ist der heiße Atem der sächsischen Geschichte! Wir schweigen also und sind nur noch ganz Ohr.

»Ruhe!« brüllt der König, der sich langsam aus der Umklammerung der tückischen Brombeerhecke befreit hat und nun mit zerschlatztem Umhang an die Spitze seiner Streitmacht drängt. Aber es ist einfach keine Ruhe hinzukriegen. Die Rösser schnauben, die Rüstungen klappern und die Reiter schnauben, klappern, rotzen und fluchen. »Ruhe, verdimmich! Könnt ihr denn nicht mal diese verfluchten Rüstungen ölen, das Gescheppere macht einen ja reineweg meschugge!«

Sie können natürlich die Rüstungen nicht so schnell ölen, denn ehe man ölt, muß ja erst Rost geklopft werden. Und nur ölen, das bringt sowieso nichts, besser wäre eine richtige Vollackierung. Vollackierung macht aber nur Sinn, wenn vorher alle Beulen herausgeklempnert worden sind, und das wiederum ist für einen, der nur Teilkasko versichert ist, kaum erschwinglich. Doch das können wir hier leider nicht ausdiskutieren, denn der König wird langsam unwirsch.

»Ruhe, verflucht!« ruft er noch einmal, aber wieder hört keiner ihm zu. Man kann ihn ja auch kaum verstehen, er ist total heiser. Das wundert uns heute nicht, denn gewaltige Schlachten gegen die Heveller, die Daleminzer und die Böhmen waren geschlagen worden. In Ermangelung eines Funksprechgerätes mußte ein Schlachtenlenker damals seine Streitmacht unter vollem Stimmeinsatz sozusagen live vom Feldherrnhügel aus dirigieren. An ein Playback-Verfahren war noch lange nicht zu denken. Die Schlachten hatte König Heinrich wohl allesamt gewonnen, aber seine Stimme hatte er dabei verloren.

»Ruhe!« krächzt er aufs neue, dann gibt er es auf und donnert statt dessen mit seiner zehnpfündigen Streitkeule einem neben ihm stehenden Panzerreiter auf den Helm, was zwei seltsam hohe, scheppernde Töne erzeugt, einer kommt vom Helm, der andere vom Panzerreiter. Die wilde Horde ringsum verstummt, und nur einer platzt mit der kecken Frage heraus: »Gibts jetzt Mittag, oder was?« Er wird aber sofort zurechtgewiesen, und der König kann beginnen, seine große Rede zu säuseln: »Ich, Heinrich Herzog, erster Sachse und König …«

Er hält inne, denn er hat das Gefühl, irgendwas stimmt da nicht. Also zweiter Versuch: »Ich, Heinrich Sachse und erster Herzog des Königs …« Das war wieder nicht gelungen. Aber jeder Mensch, auch ein König, hat immer drei Versuche. Also noch mal: »Ich, Heinrich König und Erster Sachse des Herzogs …« Nun wird er langsam nervös, denn zu viele Anfänge sind nicht gut für sein königliches Image und vor allem für die königliche Stimme.

Er wendet sich seinem Schnellmerker zu, der für solche Zwecke immer und unter Androhung der Todesstrafe an seiner Seite zu weilen hat. Aber der merkt eben nur schnell. Reiten tut er langsam – und sein Gaul ist mit der Todesstrafe auch nicht sonderlich zu beeindrucken –, und weilt also noch nicht an der Seite seines Herrn. Warten ist angesagt. Das Kriegsvolk murrt, denn es steht sowieso nicht auf lange Reden, sondern will lieber fett zu Mittag essen. Endlich ist es soweit, der Schnellmerker hat sich zu seinem Herrn durchgedrängelt und souffliert jetzt: »Ich, Heinrich der Erste, Herzog der Sachsen und König der Deutschen, sage Euch …«

Der König sagt alles brav nach, stockt dann aber und fragt vorsichtshalber noch einmal zurück: »War das jetzt so etwa in der Reihenfolge richtig?«

»Perfekt!« kommt die Bestätigung.

»Also noch ein Titel, wie Kaiser oder so, kommt mir nicht in die Tüte, das kann sich doch kein Schwein mehr merken.« Er probiert das Ganze ein weiteres Mal, und zu seiner Überraschung klappt es: »Ich, Heinrich der Erste, Herzog der Sachsen und König der Deutschen, sage euch noch einmal …«

Er stockt schon wieder, denn er hat etwas vergessen. Er flüstert also zum Anführer der Vorhut gewandt: »Und da fällt mir gerade ein, weil ich vom Ersten rede: Wie oft soll ich euch noch sagen, daß ich der Erste bin! Aber immer, wenn ich wo hinkomme, bist du schon vor mir da. Das geht natürlich nicht, ich mache mich ja lächerlich. Wenn ich Heinrich der Achte wäre, gut, einverstanden, da könnte ich als achter kommen! Aber ich bin nun mal der Erste! Ist das so schwer zu begreifen?«

»Jaja, das weiß ich schon«, sagt der Anführer der Vorhut, »aber ich bin eben der Vorreiter der Vorhut! Und ein Vorreiter muß natürlich vorreiten. Wenn ich der Vorreiter der Nachhut wäre oder wenigstens der Nachreiter der Vorhut, dann wäre das alles kein Problem, aber so … Ich weiß einfach nicht, wie ich das machen soll. Ich kann doch nicht gleichzeitig an mehreren Stellen sein. Das führt halt immer zu irgendwelchen Interessenskonflikten!«

»Herrgott, ist das denn so schwer zu begreifen«, kräht der König, »im entscheidenden Moment muß ein Vorreiter auch mal zurückreiten können! Aber das wollte ich gar nicht besprechen. Ich will eigentlich nur sagen, hier könnten wir es machen! Hier könnten wir die Burg Meißen gründen … Wie spät ham wirs?«

»Es müßte schon kurz nach Mittag sein!« ruft wieder der, der vorhin so laut nach dem Mittagessen verlangt hatte, und er bekommt sogar Beifall für seinen Zwischenruf.

»So genau will ich das nicht wissen, Jahreszahl genügt

völlig!« Der König wendet sich wieder hilfesuchend an seinen Schnellmerker.

Der eiert gewaltig herum, denn merken kann er zwar viel und schnell, aber wissen tut er so gut wie nichts: »Ja, die Jahreszahl, das ist eben schwierig, die Tageszeit, das wäre einfacher, die spürt man ja mit dem Magen. Als wir zu Hause fort sind, da könnte es so 927 gewesen sein!«

»Quatsch!« rufen die Umstehenden, die eigentlich Umsitzende sind, weil sie noch immer auf ihren Gäulen hocken und nicht zum Essen absitzen dürfen. »Es ist jetzt bestimmt schon so gegen 930 oder 931!« Sie fangen an zu streiten, wobei ihre Rüstungen wieder so laut scheppern, daß der König erneut zur Streitkeule greifen muß, um etwas Ruhe in den Haufen zu bringen! »Ich lege das jetzt fest«, kräht er, »es ist 929, und damit basta! Hier wird die Burg Meißen gegründet, und die wird bis zum, sagen wir, Jahre 968 zum Markgrafensitz ausgebaut!«

»Wozu brauchen wir hier eine Burg? Wir sollten uns lieber um das Mittagessen kümmern!«

»Die Burg brauchen wir«, sagt der König sanft, denn kräftig kann er nichts mehr sagen, »wegen der Bedrohung aus dem Osten!«

»Was für eine Bedrohung!«

»Na, die Bedrohung, die wir auf unsere östlichen Nachbarn ausüben werden – die Milzener, die Lusizer und die Ungarn!«

»Die Ungarn kommen aber aus dem Süden!« ruft einer, der sich in Geographie auskennt.

»Macht trotzdem nichts«, haucht König Heinrich, »zurückgeschlagen müssen sie trotzdem werden, da ist es ganz egal, woher sie kommen. Das machen wir, sagen wir mal, um 933. Drei Jahre später dann schlagen wir die Böhmen zurück …«

»Wenn Ihr dann noch lebt!« meint gehässig der, dem man das Mittagessen verweigert hatte.

»Und wenn ich nicht mehr lebe, dann macht das eben mein Sohn, der Otto! Der wird sich schnell in den Königsberuf einfitzen. Der hätte sogar mal das Zeug zum Kaiser! Der kann jetzt schon seinen ganzen Kaisertitel auswendig und ohne Stocken aufsagen, obwohl er es noch gar nicht ist! Ein flotter Bursche!«

»Jaja, deshalb wird er dereinst auch der flotte Otto genannt werden!« setzt der verhinderte Esser noch einen drauf. Damit hat er zwar einerseits die Lacher auf seiner Seite, andererseits aber die Streitkeule des Königs auf der Mütze, was ihn für einige Zeit zu goldenem Schweigen veranlaßt.

»Jedenfalls, und wie auch immer«, beendet Heinrich seine große Rede, »so gegen 968 spätestens wird hier in Meißen die Deutsche Mark eingeführt!« Er wendet sich an seinen Schnellmerker: »Haste das alles mitgekriegt?«

Der bejaht ängstlich, aber Heinrich fragt sicherheitshalber zurück, denn wenn er wieder zu Hause ist, muß das alles richtig und für die Ewigkeit aufgeschrieben werden. »Also, was habe ich gesagt?«

»Die Deutsche Mark kommt nach Meißen!«

»Hurra! Na endlich! Die Deutsche Mark kommt nach Meißen! Das wird aber auch Zeit!« Die Reiterschaft, die rings um den König versammelt ist, jubelt, rasselt und klappert vor Begeisterung, und ein marktwirtschaftlich veranlagter Troßknecht flüstert seinem Kumpel ins Ohr: »Also, wenn die Deutsche Mark wirklich kommt, dann mache ich mich hier sofort selbständig und werde Mittelständler!«

Der König bringt mit einigen wohldosierten Keulenschlägen wieder Zucht und Ordnung in seine Streitmacht: »Und was ich noch sagen wollte, ihr Saubande, heute abend zur Putz- und Flickstunde werden endlich die Rüstungen geölt!«

Der Vorreiter der Vorhut nutzt die eingetretene Stille und riskiert eine schüchterne Anfrage: »Gnädiger Herr

44

und König, mir gefällt es hier in Meißen eigentlich ganz gut, ich habe da Verwandtschaft in der Nähe, der Schwager von der zweiten Frau meines Oheims …«

Der König wird langsam ungeduldig und fingert wieder nach seinem Fleischklopfer.

» …jedenfalls fühle ich mich dieser Gegend sozusagen freundschaftlich bis heimatlich verbunden, und da liegt doch die Frage auf der Hand: Könnte ich da nicht vielleicht Markgraf werden? Und ich täte Euch als Vorreiter auch nicht mehr vor der Nase hin und her reiten!«

»Höhö!« lacht der König, und seine Stimme scheint sich sogar ein wenig erholt zu haben. »Aus der Gegend biste? Und in die Gegend willste? Das ist ja interessant! Und Markgraf willst du auch noch werden?« Er schaut sich nach seinem Gefolge um. »Ist eigentlich der Vorreiter der Nachhut schon eingetroffen?«

»Ja, hier bin ich!« ertönt eine tiefe Stimme aus den Brombeeren.

»Wie heißt denn du?«

»Wigbert, glaube ich!«

»Wigbert, der Erste oder der Zweite?«

»Nur Wigbert, ich bin der Einzige!«

»Das ist gut«, murmelt der König und nickt seinem Schnellmerker vielsagend zu, »da kann es zu keinen größeren Verwechslungen kommen.« Dann nimmt er noch einmal die letzten Reste seiner Stimme zusammen und schnauzt einen königlichen Befehl zwischen die Brombeeren: »Richte dich schon mal langsam drauf ein, Wigbert, so gegen 968 kannst du hier anfangen, den Markgraf zu mimen! Alles klar?«

»Alles klar!«

»Na, dann Mahlzeit!«

Nanu, liebe/r Löser/in, Sie sind ja endlich wieder mit von der Partie und voll drin in der Geschichte! Sie haben wohl mitgekriegt, daß die Deutsche Mark in Sachsen

Einzug gehalten hat. Ja, da hält es uns nicht mehr vorm leeren Kühlschrank, was? Nur eben, meine Gutsden, ich muß Sie enttäuschen: Die Deutsche Mark ist jetzt zwar in Meißen, aber es ist historisch noch nicht geklärt, ob es eine Ostmark oder eine Westmark wird!

4. LEHRE AUS DER GESCHICHTE:

Stelle dich nie vor deinen Chef und verschweige deine Herkunft, solange es geht!

Nach 1100 kommen Siedler aus dem altdeutschen Raum ins heutige Sachsen und verschmelzen zumeist friedlich mit den dort ansässigen Slawen zum obersächsischen Volksstamm. Um 1070 übernehmen die Wettiner im Raume Meißen die Herrschaft.

5. Kapitel
Ein Doppelkapitel oder
Wie der Fürstenzug langsam in Fahrt kommt, wer voranfährt
und wer nur mitgenommen aussieht

Wie ausgestorben lag das Königsschloß der sächsischen Residenz; es war still, öd und trist. Der Nachmittag roch herbstlich[14], was insofern nicht verwundert, da es ja November war – der November des Jahres 1871[15].

König Johann fröstelt ein wenig vor sich hin und versucht seine steifen Verwaltungsfinger an einem Käffchen zu wärmen. »Wahrhaftig«, sagt er, und er sagt das oft und

14 Fragen Sie mich bitte nicht, wie ein Herbstnachmittag riecht. Das ist Poesie, das kann nicht hinterfragt werden. Rilke würde antworten: Es riecht, wie alternde Astern athmen im Beet ...

15 Wir haben uns historisch nicht verlaufen, wie man vermuten mag, es handelt sich hier vielmehr um einen Kunstgriff, eine sogenannte Vorblende. Zu gegebener Zeit werden wir wieder in den normalen zeitlichen Ablauf der Geschichte zurückschweifen. Nun gibt es Leute, die Fußnoten einfach überlesen, was eine Kränkung des Autors darstellt. Wenn eine solche Person wüßte, wie ungleich mühsamer eine Fußnote gegenüber einem einfach fortlaufenden Text herzustellen ist, dann würden diese bedauernswerten Leute vielleicht nur noch Fußnoten lesen. Personen jedenfalls, die ungern Fußnoten lesen, werden sich, sofern sie diese aktuelle Fußnote auch nicht gelesen haben, natürlich verwundert fragen, wie wir auf einmal ins 19. Jahrhundert gekommen sind. Im schlimmsten Falle werden sie verzweifelt hin und her blättern. Hätten sie nur die Fußnote gelesen! Aber Strafe muß sein, wir wollen sie deshalb noch ein wenig in ihrer Verwirrung belassen!

nicht ohne Grund, denn er wird Johann der Wahrhaftige genannt, »ich hätte es schon gerne ein bissel liberaler gehabt, dieses Deutsche Reich, oder wenigstens föderaler. So wie die Amerikaner ein Deutsches Reich gemacht haben würden, hätten sie jemals Gelegenheit gehabt, ein solches gemacht gehabt zu haben.« Er freut sich über seine, wie ihm scheint, sehr gelungene grammatikalische Konstruktion, fährt dann aber seufzend fort: »Aber ich habe dieses nicht zu machen vermocht, es ging über meine schwachen Kräfte. Dabei habe ich freilich auch vieles, was zu machen gewesen wäre, in meiner Jugend vermocht! Ich habe zum Beispiel meinen Dante übersetzt ...«

»Ich mußte meine Tante nicht übersetzen, meine war eine Hiesige«, entgegnet sein Gegenüber, der nicht sehr aufmerksam zugehört hat, weil er gerade auf dem Fußboden herumrutscht und deshalb eher als Gegenunter bezeichnet werden könnte.

»Dante, nicht Tante!« entgegnet der König sanft und geduldig, denn er hat sein Leben lang sanft und geduldig gegen die klassische Unbildung gekämpft. Und wenn er nicht zufällig hätte König werden müssen, dann säße er wohl jetzt auf seinem Rittergut Jahnishausen bei Riesa und würde unverzagt die letzten paar Seiten des Homer auswendig lernen. Aber gerade diese herrlichen letzten Seiten waren ihm nicht vergönnt. Das Schicksal hatte ihm das Buch aus der Hand geschlagen und ihm statt dessen den Thron vor die Türe gestellt. König Johann seufzt also tief in sich hinein und sagt sehr mild: »Dante, der begnadete Dichter der Göttlichen Komödie!«

»Klar, Majestät, klar, ich hatte nur nicht berücksichtigt, daß Sie ja auch hochdeutsch sprechen können. Aber, um nochemal aufs jetzige Reich zurückzukommen, da sage ich nur eins: Schuld an allem sind die Preußen!«

Der Mensch, der sich so vor dem Herrscher auf die

Knie geworfen hat, nicht aus Unterwürfigkeit, sondern aus künstlerischen Gründen, ist der Herr Wilhelm Walther, seines Zeichens Kunstmaler und Sgrafittotechniker[16]. Er bemüht sich gerade verzweifelt, eine nahezu endlose Papierrolle auf dem königlichen Fußboden aufzurollen und mit seinen viel zu wenigen zwei Händen zu bändigen. Reißzwecken ins hochherrschaftliche Parkett zu bohren, traut sich selbst ein Herr Hofkünstler Walther doch nicht so ganz.

»Ich bin wahrhaftig nicht für Revolutionen, aber wenn wir in Dresden schon mal eine gehabt haben, wie wir sie 1849 hatten, dann möchten wir die so gehabte doch auch gefälligst selber niederschlagen dürfen!«

»Gelle, sage ich doch. Und dann noch die Sache mit Königgrätz!« pflichtet der Künstler dem König bei. Er hat den Anfang seiner Papierrolle endlich unter den königlichen Wandschrank geklemmt und machte sich nunmehr daran, die Rolle langsam abzuwickeln. »Das können wir den Preußen nie und nimmer so schnell verzeihen!«

»Wahrhaftig, mein lieber Walther, und ehe es zur blutigen Schlacht gekommen ist, haben diese Preußen kurzerhand unser liebes Sachsen in nur vier Tagen besetzt! Vier Tage! So etwas hätten wir uns, wäre es irgend dazu gekommen, bei den Preußen wahrhaftig nie gewagt! Niemals! … Sagen Sie mal, was machen Sie da eigentlich mit dieser Papierrolle, wollen Sie bei mir neu tapezieren? Was sind das für alberne kleine Männlein auf der Tapete, sieht ja wahrhaftig aus wie das Muster für ein Kinderzimmer?«

»Nein, Majestät, das ist keine Tapete, das täuscht gewaltig! Es ist nur der erste fertige Entwurf für den Fürstenzug.«

»Der Entwurf ist das? Wahrhaftig? Hamsen nun end-

16 Nicht zu verwechseln mit Grafitti-Sprühern, aber in gewissem Sinne ein Vorläufer derselben.

lich zustande gebracht? Damit schlagen wir jetzt zurück. Jetzt zeigen wir den Hohenzollern aber wahrhaftig einmal, wer wir sind. Daß wir zwar nicht grade die Größten sind, aber die längsten, die in Deutschland ununterbrochen regieren!«

»Das wird die Preußen tüchtig beeindrucken! Majestät, gucken Sie nur mal, der Entwurf hört gar nicht wieder auf. Und in voller Lebensgröße erst, da soll er seine 1000 Quadratmeter haben! So eine lange Mauer muß in Dresden erst mal gefunden werden, wo das ganze Zeug draufpaßt! Und so eine lange Mauer kriegen die in Berlin auch niemals zusammen!«

»Wahrhaftig?« der König kratzt sich verlegen das Kinn. »1000 Meter sind vielleicht doch etwas übertrieben? 957 Quadratmeter zum Beispiel täten es doch auch.«

»Na gut«, meint der Künstler bescheiden, »machen wir eben 957, das reicht zur Not. Ich müßte da nur ein, zwei Leutchen weglassen. Na, wen nehmen wir denn da gleich mal vor Schreck? Was meinen Majestät? Also, wenn ich hinten zweie wegnehme, dann … nee, das kann ich Ihnen nicht antun, da wären Sie ja selbst mit bei den Ausgemusterten. Sie sind ja gegenwärtig der letzte … Wenn wir nun aus der Mitte zweie raustäten? Vielleicht Albrecht den Entarteten oder Friedrich den Gebissenen, ich meine, die werfen sowieso kein allzu gutes Licht auf das sächsische Fürstenhaus. Oder Wilhelm der Einäugige, der wäre auch noch zu verschmerzen, der ist ja in seiner Art auch nicht ganz vollkommen!«

»Nein!« sagt der König mit Bestimmtheit. »So etwas machen wir wahrhaftig nicht, wir stehen lückenlos zu unserer Vergangenheit, wie auch immer sie gewesen sein mag, und an einem Einäugigen vergreifen wir uns gleich gar nicht!«

»Ich dachte nur«, meint verschüchtert der Künstler, »wir nehmen lieber so einen Markgrafen, als daß wir einen echten Kurfürsten oder gar einen ganzen König anreißen ...«

»Der Einäugige ist ein König! Und wenn auch nur unter den Blinden! Wahrhaftig, wir machen es dann eben so: Wir lassen am Anfang zweie weg. Wir fangen gleich mit Konrad dem Großen an. Die ersten zwei Heinriche aus Eilenburg halten wir uns sozusagen historisch in Reserve.«

»Das geht«, stimmt der Künstler zu und denkt gleich weiter, »wenn wir die Heinriche raustun täten und mit Konrad dem Großen anfangen, käme hernachens Otto der Reiche und Albrecht der Stolze ... Groß, stolz und reich – das wäre kein schlechter Einstieg! Das kann sich überall sehen lassen!«

»Wahrhaftig«, sagt König Johann nicht ohne Wehmut in der Stimme, »das macht was her, auch diesen Hohenzollern gegenüber! Groß, stolz und reich!« Er seufzt tief. »Wenns nur immer so weitergegangen wäre! ...« [17]

So geht es aber nicht weiter, liebe/r Löser/in, Ihnen zieht es ja schon wieder die Augen zu. Haben Sie eben ein kleines Nickerchen gemacht? Nun aber schnell aufgewacht, Fußnote 15 und 17 lesen und nischt wie zurück ins frühe Mittelalter!

Nein, ich werde Ihnen jetzt nichts mehr über die sächsischen Könige und Kaiser berichten! Immerhin haben wir im frühen Mittelalter davon drei Ottos, zwei Heinriche und einen Lothar für allgemeine Reichsaufgaben freigestellt. Aber die machten dabei mehr oder weniger Deutsche Geschichte. Wir müssen uns jetzt schleunigst auf die Seite 61 schlagen und langsam dahin vorstoßen, wo die sächsische Geschichte hauptsächlich von Sachsen gemacht wird. Das heißt, wir müssen faktisch noch mal von vorn anfangen, und zwar in Meißen ...

17 Achtung! Hier ist, wie in Fußnote 15 angedroht, der historische Vorgriff beendet!

Nein, auch Heinrich den Löwen sparen wir uns, er hat zwar in bravouröser Weise das Herzogtum Sachsen verbumfiedelt, aber es war eben nicht das einzige Herzogtum, das ihm anläßlich der Fürstentage zu Gelnhausen und Regensburg im Jahre 1180 weggenommen wurde. Mit Bayern ging es ihm genauso. Mögen also die Vorfolger des Herrn Beckenbauer den Löwen historisch bändigen, die führen ihn ja schließlich auch im Schilde. Wir dagegen haben noch reichlich andere Fürsten, mit denen wir unser blaues Wunder erleben können.[18]

Huhu, liebe/r Löser/in, nicht schon wieder einschlafen! Und das Büchlein wird auch nicht unter der Fernsehzeitung versteckt! Wir gehen jetzt einfach mal zur Aufmunterung ins Wirtshaus zu den kleinen Leuten. Der Fürstenzug fährt in Meißen gerade ab; wer in der ersten Klasse sitzen wird, das haben wir eben geklärt, aber wer sind wohl die Leute, die in der dritten sitzen?

Die Kneipe, die wir für unsern Lokaltermin ausgesucht haben, heißt »Zur Linde«, ist rammeldicke voll, liegt in Luppa und hat Ambiente. Wo Luppa liegt, das weiß in Sachsen nun wirklich jeder. Was Ambiente ist, weiß nicht jeder und wird deshalb hier auch nicht erklärt.[19]

Es ist heute so eine Art Dorfding[20] angesagt. Die Stimmung ist gehoben, denn der Vortrinker der fränkischen Landsmannschaft führt gerade das große Wort.

18 Eine sehr feine Anspielung auf das blaue Wunder zu Dresden!

19 Diese Fußnote ist versehentlich gesetzt worden und widerspricht der in Fußnote 15 gemachten Behauptung, daß es von Wichtigkeit sei, Fußnoten gründlich zu lesen. Diesmal hätten Sie sich das schenken können!

20 Ein Dorfding, nicht zu verwechseln mit einem Torfding, ist ein Dorfthing, was in Sachsen, wie auch immer geschrieben, Dorfding gesprochen wird!

»Ja, wer sin wir denn, so frrache ich mich?« Er rollt dabei stolz sein fränkisches ›r‹. »Sind wir nu Frranke oder wie, Sorrbe oder wer, Thürringer oder was?«

»Frrailich sin wir Frranke!« schreien seine Tischnachbarn!

»Ebbe net! Wir könne doch gar kain Frranke mehr sai, aus Frranke sai mir doch ausgewannert!«

»Das ist rrichtig«, pflichten ihm seine Landsleute bei, »mir sai ja gar net mehr dahoim in Frranke!«

»Dann sind wir eben alle Thüringer!« jubelt ein einsamer Thüringer auf und versucht, die Gunst der Stunde zu nutzen – setzt sich dann aber gleich wieder verlegen hin, denn ihm fällt ein, daß er ja auch gerade frisch zugewandert ist.

»Dann sind wir eben alle Sorben«, sagt ein alter Wende bedächtig, »wir sind nämlich nicht erst jetzt zugewandert, wir sind schon ewig und drei Tage hier!«

»Wir sai aber kai Sorrbe! Und mir sai au net ewig und drrai Tag hier. Wir sai errst drrai Jahr da! Wenn es halt scho richtige Daitsche gäbe tät, tät ich main, do wärre wir wenigstens Daitsche. Aber jetzt wisse mir gar nix! Wer sai mir denn aichentlich?«

»Wir sind das Volk! Wir sind das Volk! Wir sind das Volk!« skandieren seine Tischnachbarn und hauen die aus der alten Heimat mitgebrachten Bocksbeutel dabei rhythmisch auf die Eichenholztischplatte.

»Ja frailich sai mer das«, stimmt ihnen der Oberfranke zu, »frragt sich nur welches, gell?«

»Warum wollt ihr denn keine Thüringer sein, wir ham so herrliche Wanderlieder: *Diesen Weg auf den Höhn bin ich oft gegangen, Vöglein sangen Lieder …* oder: *Kleines Haus am Wald …*«

»Mer wolln aber kai Thürringe sai, und wannern wolle mer au nimmer, mer ham uns desterwege hier agesiedelt in ai klai Haisle am Wald! Außerdem sin mir Frranke viel mehr als ihr und habbe schon unzählige Siedlunge und

GEORG 17. 1500

der Bärtige 1539

MORITZ 19. 1541-1553

JOHANN GEORG I. 1611-1656

16. JOHANN FRIEDRICH der Großmütige 1532-1547

18. HEINRICH der Fromme 1539-1541

CHRISTIAN II 1591-1611 22.

23.

20. AUGUST 1553-1586

21. CHRIST. I. 1586-15

FRIEDRICH III. der Weise 1486-1525 14.

JOHANN der Beständige 1525-1532 15.

JOHAN

JOHANN G. 1680

25.

Orrtschafte gegrrüund, jedenfalls mehr als ihr! Frranken-
hain, Frrankenau, Frrankenberg, Frrankenthal, Altfrran-
ken und Frrankenstein!«

»Und wir haben Flemmingen gegründet«, sagt so
nebenbei ein Flame, der eigentlich nicht streiten wollte
und nur der Trinkerei wegen mitgekommen war.

»Und wir haben …«, ruft der Thüringer stolz und laut,
verstummt dann aber gleich wieder, denn ihm fällt nur das
kleine Dörgenhausen ein, und das klingt eher wie türkisch!

Der alte Wende nutzt die Gelegenheit und sagt mit
aller Bescheidenheit, die er sich in den letzten drei Jahrhunderten im Zusammenleben mit Westimporten ange-
eignet hat: »Wir sind zwar nicht so viele Menschen auf
einem Haufen, aber wir ham viele kleine Ortschaften in
die Gegend gesetzt! Überall wo es itzscht und zatzscht,
da waren wir schon mal irgendwann zugange.«

»Ja«, ruft der Franke dazwischen, »das ist zwar alles
schön und gut, aber wir sai aifach mehr als wie ihr und
ham die moderrnerre Technologiee und die besserre
Ausbildung!«

»Na klar«, stichelt ein kleiner kecker Sorbe, der noch
keine langjährige Erfahrung mit Wessis aufweisen kann,
»bei euch kriegt sogar schon das Getreide die mittlere
Reife! Wir jedenfalls ham schon seinerzeit im sechsten
Jahrhundert den Beetpflug erfunden.«

Dem Thüriger, dem daran gelegen ist, Handgreiflichkeiten aus dem Wege zu gehen, weil er momentan der
einzige seines Stammes ist und bei einer Schlägerei
schlecht abschneiden würde, kommt in letzter Minute
ein historischer Kompromiß in den Sinn: »Das Land soll
doch irgendwann mal Sachsen werden? Ist eigentlich
schon ein waschechter Sachse unter uns?«

»Tja, hier«, sagt ein kleiner dicklicher Mann mit wäß-
rigen, meergrauen Augen, der gerade erst von der Nord-
seeküste zugewandert ist und noch Wasser im Schuh hat,
»aber ich möchte mich lieber rraushalten, nöch, denn ich

bin scha nu, wie es scheint, hier der einzige von meine Sorte!«

»Einer reicht uns völlig!« schneidet ihm der Thüringer das Wort ab. »Ich schlage also vor, wir nennen uns vorübergehend und pro forma erst mal alle Sachsen, sozusagen ein paar Jahre auf Bewährung.« Er blickt erwartungsvoll zum Oberfranken, denn auf dessen laute und breite Zustimmung ist er angewiesen. Der sagt jedoch nichts, sondern schaut abwartend zum Wenden, der wiederum wendet nur bedeutungsschwanger seinen alten Graukopf hin und her – was man bei einiger Phantasie und gutem Willen aber durchaus als Zustimmung werten kann.

»Gut, aiverrstande«, rollt der Franke, »mer nenne uns jetzt alle mal prrovisorrisch Sachse. Mer wern ja sehe, wie wait mer damit komme.«

»Nein, das geht nicht!« ruft einer dazwischen, der sich mit den politischen Verhältnissen auskennt. »Sachsen dürfen wir uns nicht nennen! Seit der Kaiser Heinrich dem Löwen die Ländereien weggenommen hat, dürfen sich nur noch die Anhaltiner Sachsen nennen!«

»Na, jetze werrds verrickt!« empört sich der Franke. »Solln die sich doch gefälligst Anhalter nennen! Wie solle denn mir uns nenne?«

»Na, vielleicht Meisser oder Elblinge«, schlägt der politische Auskenner vor, »weil wir doch zur Mark Meißen gehören.«

Aber da schüttelt sogar der alte Wende sein sorbenvolles Haupt, und der Oberfranke entscheidet frank und frech: »Meisser? Mir ham daoch kai Maise! Es blaibt jetz bai Sachse! Solle sich doch die Ferschte gefälligst drum kümmere, wie sie den Name ins Land hole! Mer müsse schließlich den ganze Tag arrbete.«

Damit ist die Diskussion beendet, und sogar der weit heruntergekommene Niedersachse atmet jetzt froh auf, weil die Angelegenheit einigermaßen friedlich ausgegangen ist. Er nickt zustimmend, obwohl ihm ein wenig weh ums Herz wird, denn er ahnt schon, der Menschenschlag, der hier zusammenwächst, hat nichts mehr mit dem guten, alten, sturen Niedersachsen gemein. Das ergibt in nicht allzu ferner Zeit eine ganz neue Sorte Mensch, so eine Art Obermittelzwischensachse – und daß er in den noch hineinpaßt, kann er sich schlecht vorstellen.

5. Lehre aus der Geschichte:

Der Gang der Geschichte ist nicht aufzuhalten, aber man kann ihn gelegentlich abkürzen, und nicht nur der Klügere gibt immer nach. Es ist auch nicht unklug, wenn der Dümmere mal nachgibt!

Konrad der Große wird 1123 Markgraf zu Meißen. Er be-
gründet damit ein Fürstengeschlecht, das bis 1918 ununter-
brochen und mit wechselndem Geschick die Mark Meißen
und das spätere Sachsen regiert.

6. Kapitel
oder
Reich oder Mark, denn Mark macht nicht unbedingt reich,
aber reich macht glücklich! Ein sehr intimes Kapitel,
worin über große Dinge geredet wird

So, liebe/r Löser/in, jetzt habe ich ein Schmäckerchen für
Sie, jetzt müssen Sie unbedingt mitkommen. Es gibt leider
nur wenig Bettszenen in unserer Geschichte, und Sie sind
doch bestimmt für so was zu haben. Und wenn schon mal
eine kommt, dann möchte ich sie Ihnen nicht vorenthalten.
Große Politik wird zuweilen im Bett gemacht. Wir Historiker können bei solchen Gelegenheiten nicht wegschauen
oder verschämt im Wandschrank verschwinden, nein, gerade dann heißt es für uns: Aufgemerkt, die Ohren gespitzt
und unters Bett gekrochen! Sie haben ohnehin die Schuhe
schon ausgezogen und sind also bestens vorbereitet.

Das Bett, unter das wir jetzt kriechen müssen, steht im
markgräflichen Schlafzimmer der Burg zu Meißen. Wir
wissen zwar nicht genau, ob die Burg schon steht, aber
wenn sie stehen würde, dann wäre das Schlafzimmer unbedingt an dieser Stelle. Einen besseren Platz gibt es nicht!

Es brennt noch Licht, und der brave Gefolgsmann, der
unten im Hof das erste Faß vom sauren Meißner Elb-
wein bewacht, eine Versuchsgärung, die man erst einmal
an zum Tode Verurteilten oder lieben Verwandten aus-
probieren will[21], kuschelt sich in seine Blechrüstung und

21 Jeder halbwegs weintrinkerisch veranlagte Sachse weiß natürlich genau, daß im Elbtal erst ab 1161 so richtig mit dem Wein-
anbau losgelegt wurde.

murmelt bewundernd: »Unser Großer, der Konrad, gucke, der arbeitet jetzt auch noch!«

Und oben im Schlafzimmer, wo ich mit Lösers unter einem Bett stecke – wirds denn gehn, liebe Löserin, oder soll ich noch ein wenig zurücken? Nein, in diese Richtung gehts nicht, da steht der Nachttopf! –, können wir bestätigen, daß sich noch einiges tut! Das markgräfliche Bett liegt, wie man so schön sagt, voller Arbeit.

Konrad von Wettin, der Große, und seine Gemahlin Luitgard, die Tochter des Grafen Albert vom Schwabengau, beenden gerade ihr Nachtgebet, wie es sich für gute Christen gehört, mit den Worten:

Ohn Kondom und Pille
Geschehe Gottes Wille![22]

Daß es sich bei ihnen um gute Katholiken handelt, muß nicht betont werden, denn es gibt ja noch keine andern. Konrad will sich gerade unverzagt daranmachen, seiner ehelichen Pflicht nachzukommen, da meldet sich die liebe Gemahlin: »Conny«, flötet sie mit knurksender

---

22 An dieser Stelle muß ich zugeben, daß mir die neuhochdeutsche Übersetzung dieses mittelhochdeutschen Spruches ein wenig drastisch geraten ist. Die minnesängerische Poesie darin ist sozusagen vor den Baum gegangen. Das Original können Sie in der Eilenburger Handschrift nachlesen, die aber beim berühmten Muldehochwasser von 1111* unwiederbringlich verschwemmt worden ist.

* Im Jahre 1111 fand übrigens das größte mittelalterliche Saufgelage in den frisch kolonialisierten Neuen Ländern des deutschen Ostens statt. Die Gründe hierfür sind von der Geschichtswissenschaft noch weitgehend unerforscht.

An dieser Stelle erlaube ich mir zu bemerken, daß Sie, liebe/r Löser/in, soeben eine Fußnote innerhalb einer Fußnote gelesen haben. Der Fachmann spricht hier von einer Fußnote 2. Grades. Dies ist eine sehr seltene Naturerscheinung und steht sehr für die Ernsthaftigkeit meiner historischen Bemühungen! Das Setzen von Fußnoten innerhalb von Fußnoten ist natürlich begrenzt. Eine Fußnote 3. Grades ist zwar technisch machbar**, aber kein Schwein kann, wie untenstehendes Beispiel belegt, das noch lesen!

** summmmmm summm summmmmmmmmmmmmm sum summmmmm xxxxxx summ su xxx summmm snsnsnxxx snsnsnsnsnsnsssnnn

62

Stimme, die sie für sinnlich hält, »Conny, warum nennt man dich eigentlich den Großen?«

»Das will ich dir ja gerade zeigen!«

»Nein, jetzt mal im Ernst, zu einem großen Fürsten gehört noch was anderes, ein großes Reich nämlich, aber unseres ist ausgesprochen mickrig! Einige Güter um Meißen herum, eine Handvoll Weiler in der Lausitz, paar Schrebergärten bei Leipzig, das langt doch auf Dauer hinten und vorne nicht zu einem richtigen neuen Bundesland. In der Deutschlandpolitik lassen sie dich da nicht mitreden. Wir sind ja schließlich jetzt Deutsches Reich, und in einem Reich, da kann man nur mitreden, wenn man es auch ist. Wie wäre es denn, wenn wir Lotto[23] spielen täten. Stell dir vor, wir gewinnen! Na, da könntest du dir aber paar schöne Grundstücke dazukaufen!«

»Mein liebes, gutes Luitelchen«, spricht der Markgraf und streicht ihr behutsam übers Haar, »ein guter Christ spielt nicht Lotto, der Papst vielleicht, aber ein guter Christ nicht! Außerdem«, schnaubt er ihr zärtlich ins Ohr, »ist das alles Lug und Trug mit diesen Glücksspielen. Im Lotto gewinnen, das ist wie«, und hier schüttelt ihn plötzlich ein Lachanfall, »das ist, wie wenn ausgerechnet in Freiberg Silber gefunden werden täte! Hähähähä!«

»Naja, ich hab halt nur so gemeint«, sie kuschelt sich in die Kissen, »schön wäre es schon. Wenn wir reich wären, dann hieße unser Großer, also nicht du, unser großer Bube, der hieße dann vielleicht Otto der Reiche. Wäre doch auch nicht schlecht!«

»Hähähähä, das wäre tatsächlich ein Witz. Also reich werden wir irgendwann auch noch, das sehe ich nicht so verbissen«, sagt Konrad und schluckt heftig, er hat nicht mehr damit gerechnet, größere politische Reden führen

23 Was hier ein wenig weitergeholt erscheint, aber durchaus nicht ist, denn bereits 1715 wird in Sachsen die Landeslotterie eingeführt.

zu müssen, »aber eben alles schön nach und nach. Wir werden erst mal planmäßig überall Bauern ansiedeln, dann werden wir durchdrücken, daß wir nicht bei jedem Stückchen Grund und Boden den Kaiser fragen müssen, was wir damit machen dürfen, und daß wir unser Land so vererben können, wie wir wolln! Aus Reichslehen mache Erblehen, und aus Erblehen mache Allod[24], wie mein Immobilien-Fachberater immer sagt.«

»Na, das macht doch der Barbarossa nicht mit, die alte rote Socke. Der ist strikt gegen das Fürsteneigentum.«

»Rote Locke, nicht Socke!« berichtigt Konrad, »Barbarossa heißt rote Locke, wegen der roten Loden, also der roten Haare! Und der wird da gar nicht viel gefragt. Das machen wir einfach so nebenbei, wenn der Kaiser wieder mal mit einem Kreuzzug beschäftigt ist. Und wenn das eben noch zwei, drei Jahrhunderte dauern sollte, bitte, wir ham ja schließlich Zeit. Du wirst sehen, der ist schon lange den Bach hinunter[25] und wir sind noch immer an der Macht.«

»Das sagst du nur so, um mich zu trösten. Aber gucke mal nüber in das Pleißenland, was sich der Kaiser da kürzlich so zusammengerodet und gegründet hat, von Mutzschen bis Eibenstock und von Zwickau bis Chemnitz …«

»Davon lassen wir uns gar nicht beeindrucken. Wir machen das anders. Wir putzen unsre paar Rester um Leipzig zusammen und gründen dort eine richtige große Stadt[26], wo Handel und Wandel florieren …«

»Ja!« jubelt Luitgard und kuschelt sich an ihren Conny.

24 Was soviel wie Eigentum oder Eigengut bedeutet und nichts mit Allotria zu tun hat.

25 Womit Konrad der Große prophezeiungsmäßig besser im Rennen liegt als mit seiner Vorhersage, daß es in Freiberg kein Silber gäbe, denn Barbarossa ertrank ja, wie wir alle wissen, in einem Fluß bei Seleukia.

26 Markgraf Otto der Reiche verleiht 1165 Leipzig das Stadtrecht.

»Dann gehen wir endlich mal richtig flott einkaufen, und unsere Residenz, die verlegen wir auch nach dorthin!«

»Nein, die verlegen wir irgendwann mal nach Dresden[27], da ist es ruhiger.«

«Nein, ins Tal der Ahnungslosen möchte ich nicht, da biste doch wie abgeschnitten vom Rest der Welt, da erfährste doch nischt!«

»Aber sicherer ist es. Der Königstein ist gleich in der Nähe. Dahin können wir unsere Gegner verbannen. Und wenn wir selbst mal abhauen müssen – und wir müssen wahrscheinlich noch oft abhauen in unserer Geschichte, das sehe ich schon kommen –, dann ham wir wenigstens ein sicheres Versteck!«

»Ja, aber das schöne Pleißnerland? Das täte uns ganz gut anstehen.«

»Das liegt aber momentan im Westen, und im Westen ist für einen aus dem Osten schlecht an Grund und Boden ranzukommen. Unsere Chancen liegen gegenwärtig mehr im Osten. Das Pleißner Land, das kriegen wir noch, und wenn wirs eben nicht kaufen können …«

»… dann machste einen Krieg!«

»Nein, da werde ich mich aber hüten! Dann wird eingeheiratet. Wozu ham wir denn so viele Kinder. Denke mal darüber nach! Das ist doch kein Zufall, die ham wir doch nicht zum Vergnügen!«

»Ach so, nicht zum Vergnügen? Das sind gar keine Wunschkinder? Wir ham die Bälger sozusagen dienstlich! Du bist wirklich der Größte! Conny! Wieviel ham wir eigentlich zur Zeit Kinder laufen?«

Konrad der Große runzelt die Stirn und beginnt zu zählen, was ja vor Adam Ries eine ziemliche Anstrengung darstellte: »Ich glaube, es sind ihrer Stücker zwölf!«

»Zwölf?« wiederholt Luitgard ungläubig. »Das wäre ja fast so gut wie ein Dutzend!«

---

27 Dresden wird 1206 erstmals als Stadt erwähnt.

»Na, aber freilich«, entgegnet Konrad stolz, »wer ein Herrschergeschlecht gründen will, das bis 1918 stramm durchhält, der muß schon erst mal was vorlegen!«

»Nee, zwölfe sind das nicht, das müßte mir doch aufgefallen sein, das kommt mir wirklich bissel viel vor!«

»Na, wir können sie ja mal durchzählen!«

»Nach dem Alphabet oder nach der Reihenfolge?«

»Na, wie sie gerade kommen: Da hätten wir den Heinrich, den Otto, den hatten wir vorhin schon, dann die Oda, die Bertha, den Dietrich, die Gertrud, ja wen gabs denn da noch, die Adele – habe ich jetzt einen übersprungen? Wie ging es gleich weiter …«

» … der Dedo!«

»Ja, der Dedo, der fällt mir immer nicht ein, ist aber auch ein saublöder Name!«

»Ich weiß«, flüstert Luitgard verlegen, »aber das mußte doch damals so schnell gehen, und da ist mir nischt Besseres eingefallen!«

»Naja, ist schon gut, wen gibts denn da noch? Die Sophie, noch einen Heinrich, die Agnes und …, da fehlt eins. Das sind erst elfe. Irgendwie fehlt eins!«

»Die Männer wieder. Der Friedrich fehlt! Das ist der zwölfte!«

»Der Friedrich, was ist denn mit dem, wieso fehlt der schon wieder?«

»Nein, mein großer Konrad, der fehlt doch nicht. Der ist noch gar nicht da!«

»Warum ist er nicht da?«

»Weil wir den noch nicht gemacht ham!«

»Was? Na, dann wolln wir aber mal!« …

Hallöchen, liebe/r Löser/in, das Kapitel ist leider schon zu Ende! Ihr jäh erwachtes historisches Interesse in allen Ehren, aber wir müssen wieder hervor unterm Bett … Ach, Sie wollen weiterlesen? Na, dann aber ohne mich.

6. LEHRE AUS DER GESCHICHTE:

Ein großes Reich will tief gegründet sein!

1168 wird bei Christiansdorf das Silber gefunden, das die Markgrafen von Meißen zu den wohlhabendsten und einflußreichsten deutschen Fürsten macht. Die Bergbaustadt Freiberg entsteht, und in den Wettinischen Landen beginnt ein mächtiger Aufschwung der Wirtschaft, Wissenschaft und Kultur.

1237 kommt es während eines Kreuzzuges zum ersten unliebsamen Zusammenstoß mit den Preußen (Pruzzen).

7. Kapitel
oder
Jetzt wird alles versilbert! Denn Silber im Berg
ist wie Salz in der Suppe

Nun, liebe/r Löser/in, sind Sie denn gestern mit Ihren historischen Studien im Schlafzimmer von Konrad dem Großen fertig geworden? War schwierig, was? Ohne mich geht es eben doch nicht so leicht! Bitte, bitte, Sie können die sächsische Geschichte gerne selber weiterschreiben. Dafür haben wir am Ende des Buches sogar einige Zeilen frei gelassen, aber so einfach ist das auch wieder nicht.

Heute zum Beispiel geht es darum, auf nur 7 Seiten den wirtschaftlichen, wissenschaftlichen und kulturellen Aufschwung Sachsens im 12. und 13. Jahrhundert zu besprechen ... Sehen Sie, das schlägt nieder! Gleich verspüren Sie einen kaum mehr zu dämmenden Drang, das Buch zu schließen und statt dessen lieber die neueste Folge des »Bergdoktors« anzuschauen. Und Sie haben ja recht. Ich verspüre den Drang ebenfalls, aber ich muß weiterschreiben, mich binden Verträge! Und ich gedenke sie einzuhalten – trotz ausstehender Vorschußzahlungen ...

Ich bin aufs fehlende Geld gekommen. Wieso eigentlich? Wegen des bevorstehenden wirtschaftlichen Aufschwungs in Sachsen natürlich!

Schließen wir also einen kleinen historischen Kompromiß, geben wir unserm inneren Drange nach, ins Gebirge zu schauen, und suchen wir dazu eine bergige Situation aus der sächsischen Geschichte, die uns gleichzeitig erlaubt, komplizierte wirtschaftliche Zusammenhänge zu erleuchten.

Also: Wir sind im Jahre 1168, welchen Monat hätten Sie gerne? Juni, Juli? – April! – April? Bitte sehr, warum nicht einmal den April.

Vor uns auf dem Weg sind zwei Fuhrleute und ein melancholisch blickendes Pferd zu erkennen. Die Fuhrleute stapfen, und das Pferd trottet. Der zweirädrige Sackkarren ist mannshoch beladen und bietet keinem eine Sitzgelegenheit. Das Pferd schnauft, und die Fuhrleute atmen schwer. Leichter wäre es, wenn es bergab ginge. Doch es geht bei uns ja immer bergauf!

»Also, wenns noch steiler wird, dann schiebe ich die Karre, und du trägst das Pferd«, sagt der Jüngere. Man hört ihm an, daß er nicht aus dieser Gegend stammt – so aus Richtung Halle könnte er kommen. (Womit nichts gegen die Hallenser gesagt werden soll, aber man weiß ja, wie früher die Hallenser Fuhrleute zu ihren Führerscheinen gekommen sind!) Der andere ist von hier, was man aber nicht an der Sprache erkennen kann, denn er sagt vorsichtshalber nichts. Er schweigt sehr einheimisch.

»So eine gottverlassene Gegend, keine Imbißbude weit und breit, und seit zwei Stunden geht es nichts wie bergauf.«

»Ich hab doch gesagt, es ist eine Umleitung!« bequemt sich endlich der Einheimische zu antworten. »Von einer Umleitung kann man nichts Besseres erwarten!«

»Sehr gut! Auf einmal ist es plötzlich eine Umleitung! Vor einer Stunde war es noch eine Abkürzung!«

»Wenn eine Abkürzung länger dauert als eine Stunde,

ist es eine Umleitung! Aber wenn wir über den Kamm sind, dann sind es nur noch ein paar Meter bis zur böhmischen Grenze. Dann kommen wir auf die E 55, und dann geht es nur noch bergab!«

Der Hallenser läßt sich besänftigen: »Das stimmt wirklich, da drüben mit dem längsten Pferdefuhrwerk-Strich Europas?«

»Klar«, sagt der Einheimische, »die machen es dir sogar böhmisch!«

»Ooooch«, staunt der Hallenser, »wie geht denn böhmisch?«

»Na, das ist mit Knödeln! Nur eben so zwei Kupfergroschen[28], die mußt du schon hinlegen!«

»Kein Problem. Wenn wir erst unser Salz drüben abgeliefert ham, dann ham wir unser Heu rein! Dann können wir uns haufenweise Knödel mit und ohne leisten. Die gieren doch förmlich nach unserm Salz, die Böhmen, seit Oktober ist das die erste Lieferung. Den ganzen Winter über ham die immer nur süße Biersuppe geschlappert, das hält nicht mal der stärkste Böhme aus.«

»Bist du dir da ganz sicher? Die ham doch auch Salz, Karlsbader Salz?«

»Das ist doch nichts zum Würzen, das ist nur zum Gurgeln! Unser Salz dagegen ist eine ganz scharfe und todsichere Sache!«

»Ein tüchtiges Geschleppe und Gezerre ist es trotzdem. Dreimal mußte ich das Pferd samt der Säcke über einen Bach heben! Vom Karren gar nicht zu reden!«

»Na, wenn du auch solche öden Waldwege aussuchst! Nenee, aber unser Salz ist schon was Solides! Außerdem, womit willste denn im Osten sonst irgendwas verdienen? Da läuft doch nischt!« Der Hallenser schüttelt abfällig den Kopf. »Wo du hinguckst, nur Kuhbläken und unzersiedelte, urwüchsige Landschaft! Nirgendwo Ge-

28 Das ist reiner Schwindel, denn wir wissen, daß Papier- und Kupfergeld in Sachsen erst 1772 in Umlauf gesetzt wurden.

werbeparks oder Einkaufszentren. Nicht mal genug Büroräume gibts. Von Umgehungsstraßen und Verkehrsanbindung will ich gar nicht erst anfangen!«

»Naja, die Landschaften sind schon da, sie müßten eben nur zum Blühen gebracht werden!«

»Quatsch!« Der Hallenser winkt müde ab und kennt sich aus. »Ich habe mal paar Monate drüben rumgefuhrwerkt, also da unten, wo der Westen schon mehr in den Süden übergeht, in der Augsburger Gegend. Da sitzen die Geldsäcke, die Investoren, nur so rum. Wenn man die hierherlocken könnte, da täte der Aufschwung florieren. Aber da tut sich nichts! Das lohnt sich für die doch gar nicht! Keine Infrastruktur und nischt!«

Der Einheimische guckt verständnislos.

»Das sind Kommunikationseinrichtungen, Straßen, Brücken, Parkplätze, verstehste! Also das, was wir hier, wo wir gerade rumlatschen, eben nicht ham! Und qualifizierte Arbeitskräfte gibts hier auch nicht, das sieht man doch an uns. Schon mal was von einer Schule gehört? Nee, was? Na siehste!«

Der Einheimische sieht nichts.

»Und die Rechtsgrundlagen für Handel und Wandel sind auch nicht gegeben …«

Der Einheimische guckt jetzt sogar fast blöde.

»Na, paar richtige Gesetze, die sich die Sachsen hinter den Spiegel[29] stecken können und die für alle gelten! Hier bestimmt doch noch immer so ein Markgraf, wos langgeht mit den Gesetzen, wer seinen Kopf verliert und wer seine Hand ins Feuer legen muß. Und diese Rechtsunsicherheit, kannste mir glauben, das ist Gift für einen Investor. Das Kapital ist wie ein scheues Reh! Das kommt aus dem Dickicht, guckt mal kurz in die Lichtung, und wenn kein Heu da ist, huscht es wieder fort.

29 Volkstümliche Anspielung auf den Sachsenspiegel, das bedeutendste Gesetzeswerk des Mittelalters, allerdings von einem Anhaltiner zusammengestellt!

Hier im Osten ist eben noch kein Heu zu machen. Da gibts nur eins: Augen zu und durch. Säcke auf die Schulter und Karre aus dem Dreck!«

Und so machen sie es dann auch. Aber plötzlich plätschert wieder ein unangemeldeter Gebirgsbach frech über die Fahrspur. Das Pferd mustert den Wasserlauf, bleibt stehen und zieht sich dann zur Urabstimmung zurück. Es entscheidet sich einstimmig für Warnstreik.

Den Fuhrknechten bleibt weiter nichts übrig, als die ganze Ladung per Schulter ans andere Ufer zu schleppen.

»Wie wäre es mit einer kleinen Pause?« schnauft der Hallenser und setzt sich auf einen Baumstumpf. Das Pferd ist sofort dafür und beendet den Ausstand. Aber da es keine Handvoll Hafer kriegt, ist die Streikbereitschaft nicht völlig gebrochen. Mürrisch knabbert es an einem Birkenzweig. Der Einheimische steht am Ufer des Bächleins, stochert mit seiner Haselgerte zwischen den Steinen herum und sinniert vor sich hin.

»Wenn wir aber, nur mal angenommen, irgendwo irgendwelches Geld auftreiben täten, dann könnte man doch hier auch Straßen und Brücken bauen. Schulen einrichten! Handwerker ansiedeln, Gesetze machen?«

»Wenn du Geld hast, verstehste, kannste überall alles machen«, sagt überzeugt der Hallenser, denn das hat er im Westen gelernt. »Aber woher willst du denn Geld nehmen?«

»Na, wenn das hier zum Beispiel ein Klumpen Gold sein täte«, er angelt sich einen Stein aus dem Flußbett und kratzt daran herum, »oder wenigstens Silber.« Er hat den Dreck abgekratzt, und eine Schicht bleigrauen Schiefers kommt ans Licht. »Sieht ja tatsächlich aus wie Silber!«

Der Hallenser lacht amüsiert: »Und wenns wenigstens nur Blei oder Zinn wäre, könnte man schon was damit anfangen. Aber das, das ist nischt, das sehe ich, und ich kenne mich aus. Ich habe mal eine Zeitlang in Goslar rumgefuhrwerkt. Da gibts den Goslarschen Glanzschweif, das ist ein richtiges Erzchen, wie es im Buche steht, kann ich dir sagen.« Er nimmt seinem Kumpel den Gesteinsbrocken aus der Hand und wirft ihn verächtlich ins Flußbett zurück. »Das hier ist Dreck, reiner Dreck, weiter nischt!«

Das Pferd wiehert verständnisvoll, denn mit Glanzschweifen kennt es sich auch aus, und der Oberauskenner gibt nun grimmig grinsend das Zeichen zur Weiterfahrt.

»Wo, sagst du«, fragt der Einheimische noch ganz in Gedanken und schaut nachdenklich zum Bachgrund hinunter, »wo gabs den schönen Glanzschweif?«

»In Goslar, du Rino, aber das wird dir jetzt auch nicht weiterhelfen.«

»Haste recht, das sagt mir momentan nicht viel!«

Und so wäre der große Freiberger Silberfund beinahe nicht gemacht worden. Sachsen hätte auf das Silber verzichten müssen. Silberbarren, Silbergroschen, Silbertaler, Silberteller, Silberknöpfe, Silbermann-Orgeln und Silberpils wären nie hergestellt worden, und die Meißner Fürsten hätten viel versilbern müssen, um sich das anzuschaffen, was sie sich ohne das Freiberger Silber nie hätten leisten können. Wissenschaft und Kunst wären dahingekümmert, und Sachsen wäre das Armenhaus Deutschlands geworden, wenn nicht – ja wenn nicht der arzgebirgische Wurzelknecht auf dem Rückweg von Böhmen wieder die Umleitung über Christiansdorf genommen hätte, ein Stückchen Fels aus dem Bache gefischt hätte und damit nach Goslar gezogen wäre …

Ja, liebe/r Löser/in, da staunen Sie, so kann es auch mal zugehen in der schönen heilen Welt der Geschichte! Wenn wir nur wollen, können wir alle Episoden unserer Geschichte so positiv einfärben und umschreiben! Das macht Mut für die Zukunft, und darauf kommt es an. An der Geschichte kann man ruhig ein wenig herumfärben, das tut ihr nicht weh, ist ja alles schon gelaufen!

Wie denn, was denn nun, lieber Löser, Sie schauen ein wenig säuerlich. Hat Sie unsere Episode mit gutem Ausgang nicht getröstet? Sollten wir etwa anders mit der Geschichte umgehen? …

7. Lehre aus der Geschichte:

Wir glauben nicht jedem, nicht alles, nicht immer und vor allem nicht jedem immer alles so schnell!

1423 wird Friedrich der Streitbare Kurfürst und Herzog von Sachsen. Als Kurfürst kann er in Reichsangelegenheiten mitreden, zumal seine Ländereien, die Landgrafschaft Thüringen, die Mark Meißen und das Herzogtum Sachsen, zu den größten im Deutschen Reich gehören. Der Name Sachsen setzt sich allmählich in den Wettinischen Landen durch.

8. Kapitel

oder

Sachsen wird sächsisch, denn langsam wächst zusammen,
was zusammengehört

Wenn man die Geschichte der Menschheit betrachtet, so kommt man sehr schnell zu der Erkenntnis, daß Geschichte besonders in den letzten Jahren enorm zugenommen hat. Die Bevölkerung wächst, mehr Menschen verursachen mehr Probleme und wollen damit irgendwie hinein in die Geschichte. Aber wie reagiert die Geschichte darauf? Wie eine sächsische Kartoffelsuppe[30] auf kleiner Flamme: sie brennt nicht an, wird aber immer dicker. Und keiner wird bestreiten wollen, daß die sächsische Geschichte in den letzten Jahren enorm zugenommen hat und dicker geworden ist. Wollen wir dieser Erkenntnis gerecht werden, müssen wir Zeiten, in denen sächsische Geschichte noch einigermaßen dünnflüssig und durchsichtig war, schneller durcheilen – sozusagen, um bei der Kartoffelsuppe zu bleiben, uns von Wurstbrocken zu Wurstbrocken hangeln. Der nächste Wurstbrocken in der sächsischen Geschichte ist für uns heute Friedrich der Streitbare.

Das Mittelalter steht im Begriffe, langsam seinen Zenit zu überschreiten und ins Spätalter einzumünden (was manche umständlich mit dem schwierigen Wort *Renais-*

30 An dieser Stelle möchte ich noch einmal kommentarlos auf Fußnote 9 hinweisen!

sance umschreiben), und deshalb wollen wir uns heute bei unserer Geschichtsbetrachtung um modernere Methoden bemühen.

Wir haben beim Pressesprecher des Kurfürsten um ein Interview gebeten und kurzfristig einen Termin bekommen – leider nicht im Schlosse, sondern im Feldlager bei Zittau. Der Fürst leidet an einer Hussitenallergie und muß deshalb immer in voller Rüstung im Zelt schlafen. Sein Pressesprecher, der ehrenwerte Herr Dr. Johannes Tylich[31] aus Leipzig, profunder Kenner der Genealogie des Hauses Wettin, bereitet uns auf den Staatsakt vor.

»... also schön behutsam reden. Der Ferscht gerät sehr schnell in Wallung, und ich kann für nischt mehr garantieren. Wenn dann der Termin das einzige bei Ihnen ist, was platzt, könnse froh sein. Auch Zwischenfragen gegenüber ist er nicht sehr aufgeschlossen. Die Fragen selbst hamse uns doch vorher schriftlich eingegeben? Wenn er mit Zinnbechern oder Hühnerkeulen nach Ihnen schmeißen sollte, hat das nichts weiter zu besagen, aber ducken solltense sich vorsichtshalber. Das ist alles noch nicht sonderlich schlimm, das sind mehr die angenehmen Kommunikationsnebenerscheinungen, die er so losläßt. Erst wenn er den Tisch umschuppt und die Bluthunde losmacht, dann sollten Sie die Audienz als quasi beendet betrachten.«

Wie sieht es aus, liebe/r Löser/in, haben Sie noch große Lust mitzukommen? Ja! Na, dann bleiben Sie mal schön in meinem Windschatten.

Herr Tylich schrumpft gerade auf halbe Größe und

31 Herr Tylich ist seit 1409, als Friedrich IV. – sozusagen im Vorüberritt von einem Schlachtfeld zum andern – die Leipziger Universität gründete, Professor neuen Rechts an der juristischen Fakultät. Dort hat er einen speziellen Wissenschaftszweig entwickelt, die Genealogie des Hauses Wettin. Als Sachverständiger für Herzogsnumerierung hat er dadurch hin und wieder die Möglichkeit, sich ein schönes, steuerfreies Zubrot zu verdienen.

schiebt uns dann behutsam durch den Türschlitz ins Feldherrenzelt. Da man an einem Zelt schlecht anklopfen kann, hüstelt er an: »Hm hm, Euer Gnaden, da wärn die, von denen ich Euer Gnaden gesagt habe, daß sie kommen – und da sind die dazugehörenden Fragen.«

Er legt den Fragespiegel mit spitzen Fingern auf den mit allerlei Bratenplatten und Zinnkannen gut bestückten Frühstückstisch. Friedrich der Streitbare streitet aber gerade nicht, er mampft. Mit blanken Händen fuhrwerkt er zwischen Würsten, Ferkeln und Fladen herum. Obwohl seit 1071 die Gabel in Europa Einzug gehalten hat, ernährt sich der Kurfürst konservativ. Herr Tylich beugt sich zu uns zurück und flüstert: »Na, nu fangse schon mal man, und machense Ihre Aufwartung!«

Also ich beginne: »Zuallerförderst gestatte ich mir, Ihnen meinen herzlichsten Glückwunsch zur Erlangung der Kurwürde zu Füßen zu legen, die Ihnen im vergangenen Jahr der König Sigmund für Ihre Verdienste bei der Niederschlagung der Hussitenaufstände verliehen hat …«

»Hussiten dürfense nicht erwähnen!« tritt mir der Herr Tylich wachsam in die Seite, »das geht ihm auf die Galle!«

Der Kurfürst reagiert aber gelassen. Er rupft sich ein Hühnerbein vom Teller und – nein, er wirft nicht – er steckt es in den Mund und brabbelt: »Mrschtnbdrsdrtzbft.«

Herr Tylich übersetzt: »Was kann der Sigismund dafür, meinen seine Gnaden, die Kurwürde hätte er doch auch ohne den König bekommen, weil die Herzöge von Sachsen-Wittenberg, die Askanier, nun endlich langsam ausgestorben sind.«

»Aha!« sage ich und komme zu meiner ersten Frage, denn drei habe ich nur: »Was, lieber Herr Kurfürst Friedrich der Vierte …«

Herr Tylich zupft mich am Ärmel: »Der vierte Friedrich ist er zwar als Markgraf, aber als Kurfürst ist er erst der Erste.«

»Ach so«, sage ich, »Friedrich der Dritte könnte man doch auch sagen, wenn man den Ersten mit dem Vierten verrechnet.«

»Nein«, flüstert Herr Tylich und wird dabei noch drei Zentimeter kleiner, »nichts durcheinanderbringen! Friedrich der Dritte, das ist wieder ein ganz anderer, den kriegen wir erst demnächst, beziehungsweise hatten wir den schon mal, aber eben noch nicht als Kurfürst, klar?«

»Klar!« sage ich, sehe aber bei der Fürsten-Numerierung nicht ganz klar, und bemühe mich wenigstens, wieder in meine Frage hineinzuschlüpfen. »Was, lieber Herr Kurfürst, ist denn eigentlich so schön an einem Kurfürsten, daß man unbedingt einer sein möchte? Kurschneider, Kurpfuscher, Kurschatten, also, das ist ja nicht gerade die beste Umgebung, eher eine kuriose Gesellschaft, in die Sie da hineingeraten sind!«

Der Kurfürst pflückt sich wieder eine Hühnerkeule ab, diesmal wirft er aber. Verdeckter Rückhandwurf! Ich ducke mich, aber Herr Tylich ist schneller und fängt das leckere Stück im Fluge. Man sieht, er hat Routine darin. Er zieht ein Leinensäckchen aus seiner Gewandung und verstaut darin den Fang.

»Ist nur für meinen Hund, ein doggy bag, wie die Angelsachsen so schön sagen.«

Der Fürst zeigt sich von der sportlichen Leistung seines Pressesprechers gänzlich unbeeindruckt und grunzt nur verächtlich: »Wrsdbrffdsmlömdrfstzt!«

Herr Tylich ist schon wieder kleiner geworden, aber er übersetzt noch wacker: »Der Kurfürst, meint der Kurfürst, bedeutet ihm sehr viel. Er gehört nämlich als solcher zu den sieben deutschen Fürsten, die den Römischen König, welcher eigentlich der Deutsche König ist und der Deutsche Kaiser Römischer Nation werden könnte, wenn der Papst ihn dazu krönen täte, wählen dürfen … also, mit anderen Worten, wer Kurfürst ist, ist schon wer!«

»Ach so«, entfährt es mir, »es ist alles wegen der Wahl, wegen der inneraristokratischen Demokratie …«

Ein Zinnbecher streift mein rechtes Ohr.

»Kein Wort von Demokratie!« flüstert uns Herr Tylich zu und verstaut den Becher, den er auch irgendwie gefangen hat, in seinem Säckchen – vermutlich ebenfalls für den Hund. »Demokratie, das kennt er nämlich nicht, und was er nicht kennt, das mag er nicht! Und was er nicht mag, das legt sich bei ihm auf den Kreislauf! Und wenn bei ihm was auf dem Kreislauf liegt, dann …«, er weicht geschickt einem Zinnteller aus, denn zum Fangen hat er die Hände noch nicht wieder frei, »na, Sie sehen ja selbst, wie sich das auswirkt!«

»Gut, dann stelle ich meine zweite Frage …«

»Nein!« meint Herr Tylich und ist, wie mir scheint, schon wieder etwas geschrumpft. »Sie müssen jetzt die dritte Frage stellen, denn die Zwischenfrage eben kommt durchaus mit in die Wertung, und mehr als drei waren nicht ausgemacht!«

Ich nehme mich zusammen und stelle äußerst konzentriert meine letzte Frage. Hoffentlich reicht die kurfürstliche Geduld noch, denn es ist eine verhältnismäßig lange Frage: »Vor dreihundert Jahren wollte Ihr Ahnherr Konrad von Wettin, der Große, den Grundstein für ein lang andauerndes und ruhmreiches Fürstentum legen. Wie weit ist denn Ihre Familie bisher damit gekommen?«

Diesmal ist das Hühnerbein unhaltbar. Knallharter Aufsetzer, untere linke Ecke und dazu noch angetäuscht! Der Schlußmann, Sportfreund Tylich, hatte keine Chance.

Der Kurfürst ist aufgesprungen und kommentiert seinen Treffer mit einem kurmarkerschütternden Schrei: »Huorlorochnrrrscharrrzftuch!« Dann tritt er den Tisch zur Seite und fingert nach der Hundepfeife …

»Herr Tylich?« Ja, wo steckt er denn? Ist er jetzt völlig dahingeschrumpft, untergetaucht? Nein, da ist er ja! Er liegt auf der Erde. Sucht er nach dem Hühnerbein? Nein, er kriecht in Richtung Ausgang. Dieses Spiel scheint keine zweite Halbzeit zu haben, Herr Tylich hat bereits den Rückzug angetreten.

»Die Audienz ist zu Ende!« gibt er mir draußen zu verstehen. »Hamse das denn nicht gemerkt?«

Wir haben es gemerkt und alles gut überstanden, und Opfer sind nicht zu beklagen, oder? Liebe/r Löser/in, wo sind Sie denn? … Da sind Sie ja! Ich hätte mir beinahe Sorgen gemacht, Sie haben den Abflug doch auch noch glücklich geschafft?

Herr Tylich steht neben mir und versucht, die Situation zu erklären: »Sie müssen wissen, auf seine Familie ist der Fersch nicht gut zu sprechen. Sind in den letzten Jahrzehnten aber auch paar blöde Sachen passiert! Ich könnte Ihnen da Dinger erzählen … Friedrich der Ernsthafte hat allen Ernstes mit seiner Frau Mathilde eine Tochter gezeugt, die später ihrerseits den allerersten Hohenzoller in die Welt gesetzt hat! Müssen Sie sich mal vorstellen, ein sächsischer Fersch bringt den ersten Hohenzoller zustande! Ham sich somit quasi die eigene Konkurrenz herangezüchtet!«

»Ein Eigentor, sozusagen!«

Herr Tylich ignoriert meinen Einwurf. Vielleicht hat er ihn auch nicht verstanden, denn er ist ja Freizeitsportler und kein Sporttheoretiker. Er fährt also unbeirrt fort: »Oder Albrecht der Entartete, der hat beinahe den ganzen Familienbesitz durchgebracht! Und dann die vielen, vielen Erben, die immer alle was abkriegen wollen vom Land, vom Silber oder von der Macht. Sogar der Fersch selber muß ja gegenwärtig noch mit seinem eigenen Bruder Wilhelm gemeinsame Sache machen und mit ihm zusammen regieren. Wenn zwei Ferschten unter einer Decke stecken müssen, so was kann auf Dauer nicht gut gehen. Aber das wird sich ändern! Demnächst bleibt alles schön in einer Hand, das hat er schon angeordnet, der Friedrich. Was sein Bruder ist, der durfte deswegen vorsichtshalber nicht heiraten! Naja, deswegen heißt er eben jetzt Wilhelm der Reiche! Da ist es nicht verwunderlich, daß der Friedrich bissel streitsüchtig und reizbar geworden ist – heißt ja deshalb auch Friedrich der Streitbare! Wennse in ein paar Jahren mal wieder zum Interview kommen, dann gehts hier friedlicher zu, dann ist nämlich Friedrich der Friedfertige an der Täte!«

Nein, so schnell kommen wir nicht wieder, nicht wahr, liebe/r Löser/in, das anregende Gespräch mit Friedrich dem Reizsüchtigen hat uns gereicht. Ich bedanke mich also bei Ihnen, lieber Herr Tylich, Sie haben uns sehr geholfen, und wir wollen Sie nicht weiter aufhalten …

»Jaja, ich habe noch viel zu tun. Wissense, mit dem Herzogtum Sachsen-Wittenberg, was uns da neulich zugeflossen ist, ham wir doch jetzt auch hier unten das Recht, uns endlich Sachsen zu nennen. Naja, und das muß doch jetzt überall unter die Leute gebracht werden!«

8. Lehre aus der Geschichte:

Ein gewisses Maß an Körperertüchtigung gehört in Sachsen immer zur Überlebensstrategie.

1485 teilen die Söhne Friedrichs des Sanftmütigen wieder einmal das Wettinische Herrschaftsgebiet neu auf. Kurfürst Ernst erhält Thüringen, Wittenberg und die Kurwürde, Albert hingegen die Mark Meißen und den Herzogstitel. Die Herrschaftsbereiche werden ineinander verschachtelt, um eine gemeinsame Verwaltung und spätere Wiedervereinigung nicht auszuschließen. 1492 entdeckt Kolumbus Amerika, und 1495 entdecken die Fugger Leipzig als Handelszentrum, das prompt zwei Jahre später mit dem Messeprivileg ausgezeichnet wird.

9. Kapitel[32]

oder

Teile und herrsche, aber teile beherrscht,
denn wer unbeherrscht teilt, beherrscht nur Teile!

Es muß in der Nähe vom Naschmarkt gewesen sein, vielleicht war es aber auch vor dem Alten Rathaus, was damals, am 17. Juni 1485, natürlich noch nicht einmal das Neue Rathaus gewesen ist, denn das wird erst 1556 gebaut. Jedenfalls dort in der Drehe war es, und zwar nachmittags gegen halb fünfe. Überall war noch tüchtiger Betrieb – ein Gerammle und Gewürge wieder in der Innenstadt! Mit vollen Einkaufsbeuteln drängeln die Leute aneinander vorbei; der Krach ist unerträglich.

Leipzig hatte damals immerhin fast 8000 Einwohner, doppelt soviel wie Dresden und fast soviel wie Anna-

32 Es ist unüblich, Überschriften mit Fußnoten zu versehen. Denn Überschrift und Fußnote sind drucktechnisch gesehen wie Feuer und Wasser, wie Himmel und Hölle. Nur in Fällen höchster Dringlichkeit ist so etwas vonnöten. Dieser Fall ist eingetreten, denn ich muß, einem menschlichen Bedürfnis folgend, den mitteldeutschen Geschichtsraum für kurze Zeit verlassen. Sie werden mich im folgenden Kapitel also nicht vorfinden. Bitte, liebe/r Löser/in, blättern Sie sich jetzt mal allein hindurch!

berg! Mit anderen Worten, es war städtemäßig ein gewaltiger Moloch!

Und wie das Getöse der Großstadt gerade so auf dem Höhepunkt anlangt, da schreit doch einer wie von der Hornisse gestochen: »Mensch, das kann doch nicht wahr sein, bist du es oder biste es nicht?«

Und der, der es gewesen sein sollte oder nicht, dreht sich um, erstarrt zur Salzsäule und stammelt: »Ich denke, mich tritt ein Auerochse! Das ist doch mein Ernst! Du hier und nicht in Rom? Das kann doch wohl nicht wahr sein!«

Es ist aber wahr, und der Ernst ist auch der Ernst, und in Rom ist er auch nicht. Deshalb rennt er gleich auf seinen Bruder Albrecht zu und umarmt ihn.

Beide wären von den umgebenden Massen sicher alsbald als VIPs erkannt worden und hätten Autogramme geben und Hände schütteln müssen, denn es waren immerhin amtierende Landesfürsten, die sich da die Hände schüttelten. Also einigten sie sich, das Gespräch an einem stilleren Örtchen fortzusetzen.

»Gehn wir nüber in den Thüringer Hof?« fragt Ernst.

»Nee, ich gehe lieber nunter, in den Dresdner Hof[33]!« antwortet Albrecht.

»Gut, dann gehen wir eben in den Weinstock«, lenkt Ernst ein, denn er ist der Ältere und schließt gerne Kompromisse, »das ist ortsmäßig total neutral!« Und so machen sie es dann auch.

Später sitzen sie am kleinen Ecktisch und bestellen Gose. Der Wirt guckt verschnupft, denn er führt, so glaubt er, ein sehr angesehenes Weinlokal. Gose im Weinlokal, das ist wie Sekt aus Pappbechern. Aber Prominentenlaunen ist kein Wirt gewachsen, also besorgt er Gose,

33 Wo damals das berühmte Leipziger Kabarett academixer noch nicht sein Domizil aufgeschlagen hatte. Kabaretts waren damals überaus selten und arbeiteten durchweg auf allgemein hofnärrisch-hanswurstigem Niveau.

nimmt sich aber vor, das Getränk nachher als Wein zu berechnen.

Unsere Fürsten bringen noch den Drehleierspieler mit zwei Leipziger Spitzgroschen[34] zum Schweigen, und dann kann sich der Ernst nicht mehr halten: »Na, sag emal, mein Albertel, wo haste denn die ganze Zeit über gesteckt? In Palestina unten warste auch, habe ich gehört?«

»Ach, das war doch 1476, das ist jetzt schon wieder neun Jahre her, kannste vergessen!«

»Und wo treibst du dich jetzt rum?« Ernst läßt nicht locker.

»So in Richtung Ungarn war ich neulich unterwegs, aber nun gehts naufzu, Friesland, Holland! Kein Urlaub, alles streng dienstlich! Und du? Unten in Rom warste, habe ich gehört?«

»Ja, das ist aber auch schon bald wieder fünf Jahre her.«

»Rom, na gucke! Was haste denn in Rom gemacht? Urlaub oder geschäftlich?«

»Pilger!«

»Pilger? Ä, du bist tatsächlich zu Fuß nach Rom gezogen? Warum denn das?«

»Pilger ist billger!«

Sie lachen, und Albert klopft dem Bruder auf die Schulter: »Ernstel, Ernstel! Du bist immer noch das alte Urvieh! Und sonst? Regiert sichs noch so?«

»Jaja, ich regiere so vor mich hin, und du? Kommst du denn eigentlich zum Regieren, wenn du egal unterwegs bist?«

»Na klar«, Albert beschwichtigt, »ich regiere schon noch. Nu, wir regieren doch zusammen, dächte ich. Seit 1464 regieren wir doch zusammen! So war es doch ausgemacht!«

»Freilich, seit einundzwanzig Jahren regiern wir jetzt

34 Leipziger Spitzgroschen von 1474, sehr wertvoll. Der Drehleierspieler konnte sicher kaum ermessen, was ihm da in den Schoß gefallen war.

zusammen! Ganz schön lang, was? Aber, wenn ich mich mal dummstellen darf, von wo aus regierst du denn, wenn du egal nicht da bist – doch nicht mehr von Dresden?«

»Nenee!«

»Etwa wieder Meißen?«

»Wollte ich erst, aber da bauen wir jetzt gerade aus. Und das zieht sich und zieht sich …«

»Ja, ich kenne das!« Ernst nickt mitfühlend. »Hast wohl eine Baufirma aus dem Westen genommen? Die Firma Schneider soll ganz gut sein.«

»Nein«, Albrecht hebt entrüstet die Hände, »von denen lasse ich keinen an meine Burg ran. Arnold von Westfalen heißt mein Baumeister. Klingt zwar auch westlich, ist aber einer von hier! Albrechtsburg sollse heißen, wennse mal fertig ist!«

»Albrechtsburg, klingt nicht schlecht, hätte ich mir beinahe denken können!« Er läßt nicht locker: »Nu sage doch mal, von wo aus du jetzt regierst?«

»Torgau, das wird dir aber nischt sagen!«

»Nee, sagt mir nischt! Nie gehört. Wo soll denn das wieder liegen?«

»Also, wenn du von Meißen früh um sieben losreitest, dann biste abends um sieben in Torgau!«

»Und was soll ich abends um sieben in Torgau?« Ernst lacht, daß der Tisch wackelt. Er freut sich, daß er seinen Lieblingswitz loswerden konnte, und dann bestellt er noch eine Runde Gose. Der Wirt geht wieder schwer gekränkt Gose borgen.

»Also, du bist wirklich noch das alte Urvieh! Und so was heißt nu Ernst!« Albrecht seufzt und denkt an die schöne Jugendzeit zurück. »Weißt du noch, wie uns seinerzeit 1455 der Kunz von Kaufungen[35] entführt hat, da-

35 Kunz von Kauffungen war sozusagen Dagobert der Kaufhauserpresser des 15. Jahrhunderts! Da es sich damals nicht lohnte, Kaufhäuser zu sprengen, hat er Kinder entführt. Hat sich aber für ihn auch nicht gelohnt.

mals drunten in Altenburg! Da war uns nicht nach Lachen zumute!«

»Da ham wir gar nicht gelacht, da hatten wir die Hosen voll«, bestätigt Ernst, »vor allem du, gezittert haste in der Prinzenhöhle bei Hartenstein, daß wir dachten, es käme ein Erdbeben!«

»Na ja, ich bin auch der Jüngere gewesen, da mußte ich nicht so tapfer sein wie du! Mir wars weiß Gott nicht wie Lachen. Aber schön wars doch, wenn man jetzt so zurückdenkt, das ganze Land hat mitgefühlt und wegen uns geweint!«

»Nur das Schönste durften wir ja leider nicht mit anschauen. Wie der Kunz dann am Ende in Freiberg seinen Kopf verloren hat, da mußten wir ins Bette, und ich war immerhin fast schon sechzehn!«

»Jaja, ist schon eine Ewigkeit her!«

»Aber schön wars doch! Weil ich gerade von Freiberg rede, die solln jetzt wieder irgendwo Silber gefunden haben. Hast du auch was davon gehört?«

»Jaja, oben bei Schneeberg solls neulich ein großes Berggeschrei gegeben haben!«

»Wo liegt denn das wieder?«

»Genau kann ich dir das auch nicht sagen, ich bin ja dauernd im Ausland unterwegs. Daß man wieder Silber im Erzgebirge gefunden hat, merke ich eigentlich immer nur an den Kontoauszügen!«

»Geht mir genauso«, Ernst nickt verständnisvoll, »man kann einfach nicht nachkommen bei allem, was hier passiert. Das Land ist für unsere Verhältnisse einfach zu groß! Von der Werra bis zur Neiße und vom Erzgebirge bis da nauf, kurz vor, na, wie heißt denn das Nest nun gleich wieder, da oben, diese brandenburgische Kuhbläke …«

»Bansin oder Bernau oder Berlin, glaube ich«, versucht Albrecht sich zu erinnern, aber das fällt ihm zunehmend schwerer, denn die Gose beginnt zu wirken.

»Berlin? Komischer Name! Sagt mir gar nischt. Kenne ich nicht! Will ich auch gar nicht kennen!«

»Man kann sowieso nicht alles kennen.«

»Sag ich doch, dieses Land ist einfach zu weitschweifig für unsereins. Manchmal denke ich«, er rückt näher und senkt die Stimme, »aber nu lache nicht …«

»Ich lache nicht, kannste dich drauf verlassen!«

»Manchmal denke ich, man sollte das Land wieder mal teilen!«

»Na ja«, Albrecht ist nicht begeistert, »die bisherigen Teilungen sind nicht besonders gut angekommen bei den Leuten. Die von Altenburg neulich zum Beispiel, die ging doch voll in die Hose!«

»Ich weiß ja, klar«, Ernst kommt in Fahrt, »aber wir brauchen ja mal nicht brüderlich zu teilen, sondern richtig, ehrlich …«

»Wie soll denn so was gehen?« Albrecht bleibt äußerlich skeptisch, aber innerlich ist die Gose gerade dabei, ihn weich zu spülen.

»Nun, ich teile, und du hast dann die freie Auswahl!³⁶«

»Ich habe die freie Wahl? Klingt ja erst mal nicht schlecht!«

»Freie Wahlen sind nie schlecht, und zwar …«, er hantiert mit dem Geschirr herum, denn er will seinen Wahlvorschlag gerne gegenständlich und anschaulich machen, »… der Teller mit dem Sauerkrautrest, das ist, nur mal angenommen, Sachsen mit Meißen, klar?«

»Klar.«

»Und die Schüssel da, die den Sprung hat, das sind Thüringen und Wittenberg, klar?«

»Auch klar.«

36 Diese Art der Teilung war im Mittelalter durchaus üblich. Man sieht daran, daß das Mittelalter auch vernünftig sein konnte, wenn es darauf ankam. Der eine teilte, der andere wählte. Das wäre doch heute vielleicht bei Scheidungsprozessen eine gute Lösung!

Ernst begutachtet seinen Vorschlag und entscheidet großzügig: »Und weil Meißen bissel wertvoller ist als Thüringen, kriegt der, der den Sprung in der Schüssel hat, noch 50 000 Gulden extra!« Er stellt ein halbvolles Kümmelglas in die gesprungene Schüssel und betrachtet zufrieden sein Angebot. »So«, sagt er, »das wäre mein Vorschlag, und du hast jetzt die Wahl! Willste Thüringen oder Sachsen? Na, komm! Los, mache hin. Du wirst doch kein Spielverderber sein wollen!«

Albrecht weiß nicht mehr genau, ob das nun Spaß oder Ernst sein soll und entscheidet sich dummerweise für Ernst. Er spricht jetzt zwar so langsam, wie er denkt, aber er redet noch laut und entschieden: »Also, ich nehme, ich nehme … und wenn ich mich hinterher in den Hintern beiße, ich nehme den Sauerkrautrest!«

»Sisis in Ordnung!« Ernst lispelt schwer, doch den Kümmelrest schafft er noch. »Die Sache gilt ab sofort und bis auf ewig – und geht als Leipziger Teilung in die Geschichte ein, klaro!« Ernst guckt jetzt, wie er heißt. Langsam wird ihm klar, daß eine wichtige historische Entscheidung gefallen ist, und die Reue meldet sich in seinem Gewissen. »Vielleicht kommen wir Ernestiner nie mehr mit euch Albertinern zusammen!« schluchzt er und fällt dem Bruder in die Arme. Gosegebräu und Abschiedsschmerz vermengen sich in seinem Kopf zu einer neuen schönen Schnapsidee, und die muß er noch loswerden: »Damit die Leute nicht denken, wir könnten uns nicht mehr gut leiden oder hätten was gegeneinander, da verwalten wir noch paar Rittergüter gegenseitig gemeinsam, sozusagen fürs Renommee.«

»Was heißt denn das jetzt wieder – gegenseitig gemeinsam?« Albrecht hat nun wirklich große Mühe, seinem Bruder zu folgen.

»Passe auf, mein Kleiner, du bekommst in meinem Teil ein paar Güter, die wir gemeinsam verwalten, und ich habe bei dir drüben auch paar Güter …«

»Nu wie denn, was denn, wenn meine Güter wieder in deinem Gebiet sind, dann hätten wir uns die Teilung schenken können! Wie sieht denn das auf der Landkarte aus? Das sieht doch aus wie …«

»Wie Löcher im Käse!« bestätigt Ernst.

»Käse?« wiederholt Albrecht. »Käse! Na, hoffentlich ham wir heute keinen allzu großen gemacht!«

9. Lehre aus der Geschichte:

Teilen tut zwar einerseits weh, aber man nimmt andererseits den Rest und macht was draus!

Kurfürst Friedrich der Weise bietet Luther nach dem
Reichstag zu Worms 1521 Unterkunft auf der Wartburg.
Dort übersetzt der schwergewichtige Reformator die Bibel
und legt seiner Übersetzung die obersächsische Kanzlei-
sprache zugrunde. Friedrich der Weise und Johann der Be-
ständige machen das Ernestinische Kursachsen zum Kern-
land der Reformation. Das Albertinische Sachsen jedoch
wehrt sich unter Georg dem Bärtigen gegen das Vordringen
lutherischen Gedankengutes. Erst 1539 wird die Reforma-
tion unter Heinrich dem Frommen in Dresden hoffähig.

10. Kapitel
oder
Wie die Bibel ins Sächsische übersetzt wurde und Eine
Reformande vom Reformator

Na, liebe/r Löser/in, sind Sie ohne mich zurechtgekom-
men? Ging doch ganz gut? Aber nun stehe ich Ihnen ja
wieder zur Verfügung. Wir müssen leider nochmals
einen kleinen Ausflug machen. Zur Wartburg geht es,
jaja außer Landes, hinüber ins Thüringische. Sie können
da mit einem Esel hochklettern, nein, nicht nur mit mir!
Sie kriegen dort einen echten für, sagen wir … Nein, den
Leipziger Spitzgroschen können Sie wegstecken – wo
haben Sie den denn bloß wieder her? Haben Sie den etwa
im letzten Kapitel mitgehen lassen? Wenn ich schon mal
nicht dabei bin! Aber der Spitzgroschen nützt Ihnen
nichts mehr, in Leipzig gilt jetzt der Taler! Und gegen
einen Taler können Sie sich auf der Wartburg jetzt einen
richtigen Esel leasen.

Nachdem sich im 9. Kapitel die Albertinische von der
Ernestinischen Linie verabschiedet hat, gehört Sachsen
zwar endlich den Sachsen, aber Luther, der ja die Haupt-
rolle im 10. Kapitel spielen soll, ist zur Zeit gerade dort
nicht verfügbar, er hat sich nach dem Reichstag zu

Worms unter den Schutz Friedrich des Weisen[37] begeben.

»Da oben in der Wartburg«, hatte der Kurfürst zum Abschied gesagt, »habe ich dir eine kleine Hornßsche[38] eingerichtet. Da kannst du in Ruhe die Bibel übersetzen, aber mache bissel hin!«

Nur eben Luther macht nicht hin. Er hockt vor seinem Schreibtisch und grübelt. Theologische Probleme? Übersetzerschwierigkeiten? So sieht es aus, aber in Wirklichkeit hat er einfach nur Hunger. Er ißt ja auch zu viel und zu gerne. An einer gut sortierten Mittagstafel kommt er immer richtig in Form, da taut er auf, sprüht vor Ideen, hat Witz und schleudert wortgewaltige Tiraden zwischen die Schweinswürsteln. Seine Tischreden und Trinksprüche sind noch berühmter als seine Gebete. Nicht, daß er hier auf der Wartburg darben müßte, nein! Nur eben essen macht müde! Und er soll ja eine ganze endlos dicke Bibel übersetzen oder wenigstens deren bessere Hälfte, das Neue Testament! Das erledigt sich nicht zwischen Spinatsuppe und Spanferkel. Also bleibt er hungrig. Wenn er aber hungrig ist, hat er keine Ideen, also muß er was essen. Wenn er aber gegessen hat, wird er schrecklich müde … Ein Teufelskreis!

Und nun sitzt auch noch dieser Eiferer vor ihm auf der Schreibtischkante und guckt traurig.

»Was guckst du denn so melanchthonisch[39]? Ich übersetze ja und übersetze …«

37 Kurfürst Friedrich der Weise heißt deshalb Friedrich der Weise, weil er 1519 nicht so blöd war, deutscher König zu werden.

38 Das ist sächsisch und bedeutet soviel wie kleine, ungemütliche Wohnung, und zeigt uns, daß der Kurfürst im Innern seines Herzens doch noch warm und sächsisch dachte. Für Hornßsche könnte man auch zur Not Buwwerdzche sagen.

39 Das kleine Wortspiel läßt uns ahnen, daß Philipp Melanchthon zu Besuch ist.

»Und wann bist du fertig? Es ist Sommer 1521.«
Melanchthon könnte die Zeit sogar noch genauer ange-
ben, denn seit 1504 gibt es Taschenuhren. Aber ihm geht
es nicht um die genaue Zeit, ihm geht es um den Geist
der Zeit! Die Reformation muß in Schwung kommen!
Darum drängt er zur Eile: »In Leipzig sitzt der Lotter
wie auf Kohlen und will drucken, und der Johann Gensfleisch zum Gutenberg wartet schon seit 1440 und will
endlich die Gutenberg-Bibeln auf den Markt werfen.«

Nein, das Wort Gensfleisch hätte er nicht sagen sollen! Luthers Magen krampft sich zusammen, und er antwortet unwirsch: »Soll er doch etwas anderes drucken,
Thesen, Tischreden, Sprüche! Ich habe genug solches
Zeug rumliegen. Ist schön kurz, liest sich flott weg und
wird sicher deshalb auch gerne gekauft.«

»Aber Martin, man kann doch die Reformation nicht
ohne Bibel machen. Und die Print-Medien sind momentan fest in unserer Hand, wir könnten die Papisten förmlich an die Wand drucken!«

Jetzt eifert er wieder, denkt Luther. Er hat seinen
Magenkrampf überwunden und ist zu kleinen Zu-
geständnissen bereit: »Naja, mit dem Neuen Testament
habe ich ja fast schon so gut wie beinahe angefangen …«

»Und wann ist es fertig?« Melanchthon ist unerbitt-
lich.

»Na, so gegen 1534, hatte ich gedacht.«

»Du mußt doch vielleicht spinnen. Das geht auf keinen Fall. Die Leute werden unruhig – die Bauern vor allem. Die machen uns glatt einen Bauernkrieg! Und für
den Adel lege ich schon gar keine Hand ins Feuer! Für
unsere Gegner wäre so was ein gefundenes Fressen!«

Fressen! Jetzt hat er schon wieder vom Essen geredet.
Luther hält das nicht mehr aus und beschließt, in die
Offensive zu gehen: »Mein lieber Philipp, du hast ja
keine blasse Ahnung, was es bedeutet, die Bibel zu übersetzen, das Buch der Bücher, das wichtigste und meist-

gelesene Werk der Weltliteratur. Das hat eine Tragweite, die du gar nicht absehen kannst, nicht nur von hier bis Wittenberg! Nein, das ist epochetragend, kulturstiftend, normenprägend, identitätsschaffend! ...«

Mannomann, denkt sich Luther, jetzt biste aber in Fahrt, solche schönen Begriffe sind dir in letzter Zeit selten eingefallen – und das mit leerem Magen. Er setzt also gleich noch einen drauf: »Die soziokulturellen und politischen Aspekte habe ich da noch nicht einmal erwähnt!«

Melanchthon ist überwältigt, er läßt die Kinnlade sakken und stammelt: »Welche soziopolitischen Aspekte?«

Luther lächelt. Jetzt hat er ihn, jetzt läßt er ihn zappeln und macht deshalb eine gewaltige und tiefsinnige Pause. Dann gibt er gnädig ein Beispiel: »Na, zum Beispiel ist es doch politisch ungeheuer bedeutsam, in welche Sprache ich die Bibel übersetze!«

»Na, ins Deutsche, dachte ich?«

»Deutsch gibt es noch nicht, mein guter Philipp, das soll sich doch erst mit meiner Hilfe herausbilden.«

»Dann nimmste eben ...«, er ist am Ende seines Lateins und zuckt mit den Schultern.

»Wenn ich, zum Beispiel, die Bibel ins Mecklenburgische übersetze ...«

Melanchthon starrt entsetzt auf seinen Freund und Lehrmeister.

»Nur mal angenommen, spaßeshalber oder als Denkmodell, na, was wäre denn dann?«

Melanchthon weiß es natürlich nicht.

»Na, dann würde die Reformation mindestens fünfzig Jahre später losgehen, wenn überhaupt! Wenn ich sie hingegen ins Bayrische übersetze, dann wäre das für die Reformation sehr gut, die käme dann weiter voran in Richtung Süden ...«

»Vielleicht bis Passau hinunter oder sogar bis ins tiefste Altötting!«

»Na, wir wolln es nicht gleich übertreiben«, sagt

Luther und fährt fort, »der mitteldeutsche Raum, verstehst du, unsere Heimat wäre dann aber vielleicht nicht mehr die treibende Kraft!«

»Na, dann übersetze die Bibel doch ins Thüringische, wo du schon mal gerade da bist.« Melanchthon tippt ins Dunkel, denn er tappt im dunkeln. Er ahnt nicht, worauf Luther hinauswill.

»Nein, der hiesige Kurfürst steht ja schon auf unserer Seite. Der Herzog Georg da drüben in Sachsen ist unser Problem. Seit meinem Disput mit Eck, damals in Leipzig, läßt er uns hängen ..., also hängen noch nicht, aber eben sitzen.«

»Ja, was kann man da machen – also ... Und was machst du da?«

Luther beugt sich vor und sagt pfiffig: »Ich rede nach der Sächsischen Kanzlei[40]!«

Jetzt versteht Melanchthon langsam: »Du übersetzt also die Bibel ins Sächsische, damit Georg der Bärtige denkt, du gehst ihm um den Bart?«

»Nicht nur das, die ganze deutsche Kultur wird sächsisch gegründet, die Literatur, die Musik, die Philosophie ... Was denkst du, was in den nächsten dreihundert Jahren in Sachsen losgeht, welchen kulturellen Einfluß das Land ausüben wird!«

»Und du stellst sozusagen mit der Bibelübersetzung dafür die Weichen?« Melanchthon erstarrt vor Ehrfurcht.

Luther will gerade noch einmal zu einer großartigen Tirade ausholen, um seinem Philipp den Rest zu geben,

40 Also wörtlich hat er gesagt: „Ich rede nach der Sechsischen cantzley, quam imitantur omnes duces et reges Germaniae; alle reichstette, fürstenhöfe schreiben nach der Sechsischen cantzeleien unserer churfürsten. Ideo est communissima lingua Germaniae." Das hat er zwar erst 1532 während einer Tischrede gesagt, aber in unserm Gespräch mit Melanchthon hat er es vorsichtshalber schon mal vorformuliert. Und dann ist der Satz so bedeutsam, daß man den gar nicht oft genug wiederholen kann.

da quetscht der noch ein Frägelchen dazwischen: »Ja, aber wenn uns der Bärtige nicht aus der Hand frißt?«

Luther sackt zusammen. Der Hungerkrampf ist wieder da. Frißt! Jetzt redet der Bruder wieder vom Essen! Luther greift sich mit der rechten Hand in die Magengegend. Die linke Hand fingert nach dem Tintenfaß. Der Wurf verfehlt Melanchthon um Haaresbreite. Die Tinte läuft breitflächig und gemütlich über die frisch gekalkte Wand.

Melanchthon weicht entsetzt zurück. »Was ist denn mit dir, mein Martin?«

»Ich hatte eine Erscheinung!« Luther ist kreidebleich. »Ich habe den Teufel gesehen!« stammelt er.

Melanchthon schlüpft aus der Kammer und geht Weihwasser borgen.

»Tatsächlich, ich habe den Teufel gesehen«, wiederholt Luther, »es war furchtbar, es war grauenvoll, man konnte nicht hingucken. Der Teufel sah aus wie ein Schinken mit frischen Spargeln und Krebsen in Butterschwitze ...«

10. LEHRE AUS DER GESCHICHTE:

Wer mit Worten besoffen machen kann, muß nicht erst Schankwirt werden![41]

41 Klingt gut? Wie ein Spruch von Luther. Ist es aber nicht, und was er bedeutet, kann ich Ihnen auch nicht sagen.

Vater August (1553–1586) verordnet seinen Sachsen ein
wohlgeregeltes protestantisches Staatswesen und bringt es zu
einigem Reichtum. Seine Nachfolger hingegen liebäugeln
wieder mit katholischen kaiserlichen Positionen. Im Drei-
ßigjährigen Krieg gelingt es nicht, Neutralität zu wahren, so
daß Sachsen zum Tummelplatz der kriegführenden Mächte
wird. Sachsen braucht zwanzig Jahre, um die Verwüstungen
des Kriegs zu beseitigen.

11. Kapitel
oder
Ein Nach-wie-vor-Kriegskapitel, was eigentlich
aus zwei Teilen besteht und in eine Vision ausartet

Ist ja gut, liebe/r Löser/in, Tintenflecke sind heutzutage
wirklich nicht das Problem mehr. Versuchen Sie es doch
mal mit der guten alten Gallseife oder mit *Rai in der
Tüte*, wie das Zeugs heute so heißt …

Und selbst wenn das nicht helfen sollte, gibt es ja immer noch Versicherungen. Ach, Sie haben keine. Das
stimmt, gegen den Teufel hilft keine Versicherung,
Teufel fällt ja unter Höhere Gewalt …

Also, wenn wir das Buch gut verkaufen sollten … Ich
will Ihnen zwar nichts versprechen und finanziellen Bei-
stand schon gar nicht! Aber ich hätte da noch eine ältere,
gut erhaltene Jacke in Ihrer Größe. Vielleicht nicht gerade
für die Oper geeignet, aber da, wo wir jetzt erst mal hin-
geraten, da ist vornehme Kleidung nicht unbedingt erforderlich. Eine gediegene hausväterliche Tracht tut es auch.

Wir besuchen nämlich Vater August, und das ist der
Inbegriff eines sächsischen Hausvaters. Nach dem Augsburger Religionsfrieden hat er die Schnauze voll von
Kriegel und Kragel und versucht, sich aus Feldzügen
herauszuhalten. Er ist gut evangelisch und treu kaiserlich. Den Kurhut hat er auch wieder zurückbekommen,

den trägt er mit Würde, und Sachsen darf sich nun Kursachsen nennen. Aber vor der Kür kommt immer die Pflicht, sagt sich Vater August, nimmt sich in dieselbe und schafft endlich Ordnung im Land, sogar mehrere Ordnungen: Landesordnung, Bergbauordnung und was es sonst alles noch so für Ordnungen gibt.

Wie ausgestorben lag das Königsschloß der sächsischen Residenz; es war still, öd und trist. Der Nachmittag roch herbstlich[42], und am Hofe herrschte mustergültige Ordnung. Nicht wegen uns, es herrscht ganz allgemein, immer und überall in Sachsen eine fast mustergültige Ordnung. Wir sind zwar angemeldet, aber Vater August ist leider nicht da. Landesmutter Anna empfängt uns. Wir erwischen sie in den wenigen Stunden, in denen sie mal nicht schwanger ist. Fünfzehn Kinder wollen ausgetragen sein. Rein biologisch benötigt man/frau elf und ein viertel Jahre Lebenszeit dazu. Anna sieht aber noch ganz proper aus. Sie lispelt ein wenig dänisch, denn sie ist die Tochter König Christians III. von Dänemark.

»Das tut mir aber leid, der August ist noch irgendwo unterwegs. Unser Anwesen ist sließlich siemlich groß. Is lasse sofort nach ihm rufen. Is würde Ihnen ja swissenseitlich gerne ein Smoerebroed anbieten und ein Slücksen Gameldansk[43], aber August hat wie immer alles weggeslossen.«

»Danke«, sage ich, »mir und meiner Begleitung wäre ein guter Schneeberger Weißbitter sicherlich auch ganz recht.«

»Hat er auch eingeslossen!«

»Nun, das macht nichts, wir sind nicht zum Zechen ge-

42 Es riecht noch immer so wie in Fußnote 14. Tut mir leid, aber Dresdener Nachmittage riechen eben herbstlich!

43 Es handelt sich nicht um vergammelten dänischen Schnaps, sondern um einen edlen Bitterlikör.

kommen. Wir sind nämlich um ernsthafte Sachkenntnis bemühte Geschichtsschreiber und möchten von Ihnen oder von Ihrem Gatten einige sachdienliche Auskünfte.«

»Oh!« sie ist verwundert. »Gesichte sreiben Sie, davon verstehe is nichs, das is mir su swierig. Aber der August kann Ihnen sicher weiterhelfen. Er ist zur Inspektion unterwegs, muß aber gleis zurückkommen.«

Er kommt aber nicht.

»Is würde Sie ja gerne hereinbitten, aber im Sloß ist es son finster. Es wird ja jetzt draußen so snell dunkel, und laut unsere neue Listordnung dürfen wir erst nach sechs die Lister ansünden. – Wo er nur bleibt? Vielleist hat er den Slüssel verslampert. Er hat nämlis heute die Hof- und Kammerordnung inspiziert!«

Jetzt fällt ihr absolut nichts mehr ein. Sie lächelt verlegen. Über das Wetter könnte man noch reden, aber da fällt ihr doch noch etwas ein: »Is habe ein kleines Arsneibüslein verfaßt. Daraus könnte is Ihnen swisenseitlich was vorlesen. Wie man Snupfen kuriert. Das ist jetzt in der Jehresseit sehr hilfreis …«

»Nein, liebe verehrte gnädige Frau«, helfe ich ihr aus der Patsche, »wir möchten lieber gerne etwas über die Grundsätze der Reichspolitik Ihres Gatten erfahren.«

»Oh, Reispolitik, davon verstehe ich auch nichs. Wir sollen sön fleißis sein und sparen, hat August su mir gesagt. Wenn wir einmal das Seitliche gesegnet haben, wollen wir der Welt fünfsehn Kinders und swei Millionen Taler Bargeld hinterlassen. Das ist ein söes Erbe für das liebe Sachsen und für das ganze Deutse Reis. Wenn jeder das so machen würde, wären wir ein glücklises Land und hätten eine gute Reispolitik. Der August versteht swar mehr davon, aber er wird Ihnen auch nists anderes dasu sagen können. Sie können aber ruhig noch ein Stücksen warten. Nach der neuen Speiseordnung werden wir gegen sieben essen …«

Nein, essen wollen wir nicht. Ich befürchte, das

Abendessen wird auch sehr sparsam ausfallen! Kommen Sie, liebe/r Löser/in, das bringt uns wirklich nicht weiter. Nur snell weg! Hier erfahren wir zwar, nach welchem Ideal sich der sächsische Volkscharakter bilden wird, aber nicht, wie man heil um Kriege und Katastrophen herumkommt. Ich schlage vor, wir gehen noch einmal so etwa ein Jahrhundert weiter, dann ist der Dreißigjährige Krieg vorbei, und vielleicht sind sogar unsere Fürsten nach dem Schaden klüger als vorher. Der Zeitsprung ist für uns ja kein Problem: Mütze festhalten ! Und hoppla!

Kurze Zeit und ein knappes Jahrhundert später: Wie ausgestorben lag das Königsschloß der sächsischen Residenz; es war still, öd und trist. Der Nachmittag roch herbstlich[44]. Diesmal ist es wirklich unverhältnismäßig öd und leer, denn der Dreißigjährige Krieg hat das schöne Sachsen ganz schön geschröpft. Aber es wird ab und an schon wieder ein bißchen regiert. Wir schleichen uns an einigen blechbejackten Landsknechten vorbei und hören beim Kurfürsten einfach mal rein.

Kurfürst Johann Georg I.[45] sitzt fröstelnd am Kamin, der brennt jedoch nicht. Das Thermometer ist zwar seit 1592 erfunden, aber man kann auch ohne technische Hilfsmittel mit Sicherheit sagen: Es ist kühl! Die paar Möbel, die man noch rumstehen hat, kann man jetzt nicht schon verheizen, die muß man für den kommenden Winter aufsparen. Seit 1542 baut man zwar im Plauenschen Grund Steinkohle ab, aber die muß eben erst ins Schloß geschafft werden, ehe man sich daran erwärmen kann. Johann Georg hat seinen alten Kammerdiener Anton beauftragt, mit dem Staatshandwägelchen einige Sack heranzuschaffen, doch vor Anbruch der Dunkelheit wird der

44 Ja, ja und ja! Es tut mir herzlich leid, aber es riecht da eben so!

45 Er stammt nicht aus Johanngeorgenstadt, sondern er hat es gegründet für in Böhmen verfolgte Evangelische (Exulanten).

nicht zurück sein, wenn heute überhaupt ... Die Fürstin, Frau Sibylle[46], hat sich deshalb den warmen, zerrissenen Hausmantel übergezogen. Sie sitzt in der Fensternische, dort ist es noch einigermaßen hell, an Kerzen muß man auch sparen. Sie stopft gerade das Staatssäckel.

In der anderen Fensternische sitzt ein alter zerknitterter Herr und hilft ihr, Stopfgarn einzufädeln. Es ist Herr Heinrich Schütz. Er ist seit 1617 Hofkapellmeister, und seine Musik klingt so, wie er guckt, nämlich ernst. Die sächsischen Orgeln sind zur Zeit nicht bespielbar, aber die alten orgeltrainierten Hände taugen wenigstens noch ganz gut zum Stopfgarnfädeln.

»Also, ich glaube, es ist vorbei.« Der Kurfürst horcht probeweise zum Fenster hinaus, aber kein Kanonendonner, kein Schlachtengelärme, keine Not- und Pestschreie sind zu hören. »Jaja, es scheint wirklich vorbei zu sein. Wir hams überstanden! Noch mal Glück gehabt!«

Schütz ist auch froh, er nickt und summt und formt im Geiste einen mächtigen Dankchoral. Die Landesherrin nickt nicht, sie flippt, und zwar aus: »Glück nennt der das. Durch eigene Dummheit bist du da neingeraten. Mal bissel mit dem Kaiser liebäugeln, mal bissel mit dem Schweden rumziehen ...«

»Ja, was sollte ich denn sonst machen, die waren eben alle stärker als ich! Mit den Schweden zusammen ging es doch anfangs ganz gut.«

»Gut nennt der das – bei den Schweden? Das ewige Knäckebrotgefresse! Da habe ich gleich vorhergesehen, daß das Bündnis auch bald bröckelt!«

»Aber erst, nachdem es den eisernen Gustav bei Lützen so total erwischt hat! Bis dahin gings doch einigermaßen gut!«

46 Der Kurfürst hat zwar zwei Frauen gehabt, aber da beide Sibylle hießen, ist es ziemlich egal, mit welcher wir es hier zu tun haben. Eine Sibylle jagte die nächste. Damals gab es im sächsischen Herrscherhaus viele Sibyllen.

Schütz findet auch, daß es bis dahin einigermaßen ging, und sortiert in seinem Schädel Klänge für eine einigermaßen hübsche Totenmesse.

Die Landesherrin findet das gar nicht. »Höre auf mit diesem Gustav! Läßt der sich doch in offener Feldschlacht so einfach totschießen! Glücklicherweise warst du nicht auch noch so verrückt, als erster in ein offenes Gefecht zu reiten!«

»Nein, nein«, beeilt sich Georg zu sagen, »das ham wir unter uns deutschen Fürsten abgeschafft. Seit der Schießerei bei Sievershausen, wo es den Moritz damals 1553 erwischt hat, bleiben wir immer schön hinten!«

»Na, wenigstens mal was aus der Geschichte gelernt! Ist aber auch das einzige!« Sie schüttelt den Kopf und holt Luft. Georg weiß, er hat es noch nicht überstanden, jetzt kommt die Sache mit der Flucht! Und richtig, da beginnt sie schon: »Gleich nachdem es mit dem vorbei war, schlägt sich doch mein guter Gatte wieder zu den Kaiserlichen … Na, das mußte die Schweden ja vergnatzen! Wie die Rammdösigen sind sie übers schöne Sachsen hergefallen. Wir warn nur noch auf der Flucht. Ich weiß schon gar nicht mehr, wo wir überall waren …«

Schütz nickt mitfühlend. Flucht, murmelt er vor sich hin, Flucht – und schon formt sich in seinem Kopfe eine dreistimmige Fuge.

»Und wie solls nun weitergehen?«

Der Herzog hat endlich beschlossen, in die Offensive zu gehen. »Man muß eine Vision haben!« sagt er feierlich und starrt in den kalten Kamin.

»Wenn man vorn und hinten nicht mehr hoch kommt und vor Hunger nicht Brot sagen kann, dann hat mein Herr Gemahl eine Vision! Na, da bin ich vielleicht gespannt. Das kann ja heiter werden!«

»Ja, gerade dann muß man eine Vision haben! Aber wie soll eine Frau wie du, die dazu noch Sibylle heißt, jemals eine Vision haben …«

»Aufräumen solltest du, Ordnung machen, arbeiten und sparen, wie dein Ahnherr, der Vater August! Als der starb, hat er zwei Millionen Goldtaler hinterlassen!«

Das wissen wir nun schon, aber die Landesmutter kann ja schließlich nicht ahnen, daß wir gerade von Vater August kommen. Georg weiß es auch, denn er hat es in den letzten Wochen Hunderte Male hören müssen und will es deshalb heute nicht noch einmal wissen. Er starrt also in den kalten Kamin, um sich voll auf seine Vision zu konzentrieren. Und siehe da, ihm ist, als würde da unter der Asche noch ein bißchen Glut glimmen …

»Wir machen es diesmal ganz anders! Handel, Wandel, Industrie und Bergbau, das war alles schon da. Das hat nichts mit innovativem Denken zu tun! Wir machen mal was ganz Neues … Schütz!«

Schütz läßt vor Schreck die Stopfnadel fallen. Das Orgelvorspiel, das er gerade im Kopfe vorantrieb, bricht in sich zusammen.

»Schütz, kannst du noch Oper? Du hast mir doch seinerzeit mal eine zusammengefriemelt?«

»Oper?« Schütz überlegt. »Früher, ja, da hatte ich schon mal eine verfaßt. Das ist aber fast dreißig Jahre her. ›Dafne‹ hieß das gute Stück.«

»Her damit!«

»Die ist, glaube ich, verbrannt.«

»Machst du eine neue!«

»Ich glaube, ich habe das verlernt; ich bin jetzt mehr auf geistliche Werke spezialisiert. Das liegt an der Zeit. Traurige Sachen gehen heutzutage einfach besser!«

Der Kurfürst reagiert unwirsch, und Schütz lenkt ein. »Also, ich könnte es schon noch, wenn es unbedingt sein muß, aber es wird nicht so schnell gehen, ich müßte erst wieder Oper üben.«

»Dann besorgst du eben einen, der schnell Oper kann! Könnte auch einer aus dem Ausland sein, aus Italien vielleicht?«

Schütz versteht die Welt nicht mehr und blickt seinen Landesherren verzweifelt an: »Wozu brauchen wir denn jetzt um alles in der Welt eine Oper, jetzt, wo alles in Trümmern liegt?«

»Das ist ja der Witz«, triumphiert der Kurfürst, »alle räumen auf, bauen Kartoffeln an und sind verzweifelt. Wir nicht. Wir machen Oper. Bei uns wird jetzt Kunst und Kultur vorangetrieben!« Er visioniert weiter: »Also Dresden kriegt die Musik und die Baukunst, Leipzig kriegt die Literatur und die Wissenschaft. Was denkt Ihr, was in den nächsten zweihundert Jahren hier losgeht? Ein Zentrum der Weltkultur werden wir! Von unsern Dichtern wird die ganze Welt abschreiben, ja vielleicht kriegen wir sogar paar eigene Philosophen zusammen!«

Schütz senkt sein altes, gramzerfurchtes Haupt; von Baukunst, Wissenschaft, Literatur, da versteht er nichts. Er kennt sich nur in der Musik aus. »In Leipzig«, gibt er deshalb vorsichtig zu bedenken, »hat es aber auch gute Musiker!«

»Kein Problem«, freut sich der Fürst, »wenn sie da mal einen groß rausgebracht ham, soll er zu uns runterkommen nach Dresden. Wir veranstalten dann ein Wettorgeln. Kannst du noch einigermaßen wettorgeln, Schütz?«

Der alte Herr wiegt bedenklich den Kopf. Er hat schon lange nicht mehr gewettorgelt, vermutlich müßte er das auch wieder üben. Aber in einer ungeheizten Kirche ist das kein reines Vergnügen …

Der Fürst ist schon weiter mit seiner Vision vorangeschritten: »Ansonsten solln die in Leipzig eben Kammermusik und Konzerte fabrizieren, wir machen die Oper!« Und als er dem traurigen Blick von Schütz begegnet, lenkt er ein: »Naja, bissel Singen und Orgeln tun wir hier auch noch!«

»Und was wird mit dem Theater, lieber Schorsch?« fragt die Fürstin spitz. Nicht weil es sie wirklich interessiert, sie will ihren Gatten nur aus dem Konzept bringen.

»Theater?« der Kurfürst stutzt. »Da legen wir uns noch nicht genau fest, da solln mal die freischaffenden Truppen vorerst quer durch die Gegend ziehen! Wenn das sich gut anläßt, machen wir später Staatstheater draus.« Der Fürst räkelt sich in seinem Sorgenstuhle behaglich, seine Vision hat ihn angefacht, und auch der Kamin, denkt er, strahlt plötzlich wieder richtig Wärme ab.

»Schorschl«, die Stimme der Fürstin ist plötzlich sanft geworden, denn sie merkt, er ist langsam am Ende seiner Vision angelangt, »nu mal im Ernst, wer soll denn das alles organisieren, du hast doch von nichts keine Ahnung, und der Jüngste bist du auch nicht mehr?«

»Stimmt«, der Fürst lenkt ein und ist fast bereit, sich von seiner Vision zu verabschieden, aber plötzlich wendet er sich noch einmal an den alten Hofkapellmeister, »Schütz, kennst du nicht irgendeinen am Hofe, der von so was einen blassen Schimmer hat?«

Schütz grübelt hin und her, denn an diesem Tag hat er noch nichts zum Landeswohl beitragen können, und plötzlich geht ihm ein Licht auf: »Na, Euer Großer, der Johann Georg II., der hat sogar mal bei mir Unterricht genommen!«

»Na also«, strahlt der Fürst, »wußte ichs doch, es funktioniert! Dann machen wir das so, wie ich gesagt habe. Wir lassen meine Vision raus. Der Johann Georg wird sie umsetzen! So ein Bengel aber auch, nimmt in diesen traurigen Zeiten heimlich Klavierstunden! Schütz, und ab morgen wird wieder geopert, verstanden!«

Er strahlt vor sich hin, nur seine Frau, der die Angelegenheit nicht geheuer ist, fragt noch einmal nach: »Schorschl, bist du dir da aber auch absolut sicher, daß das läuft?«

»Absolut!«[47]

47 Womit Johann Georg I. das absolutistische Zeitalter in Sachsen eröffnete.

Was ist denn, liebe/r Löser/in, hat Sie der grandiose Zukunftsentwurf unseres Kurfürsten kalt gelassen? Ach, Sie schwärmen nicht so sehr für Oper, Sie gehen lieber ins Theater! Na, dann bekommen Sie eben den dienstältesten sächsischen Theaterwitz als Ausgleich: Was ist der Unterschied zwischen Othello und einer Teekanne?

In einer Teekanne siedet der Tee und bei Othello deedet er sie!

11. Lehre aus der Geschichte:

Wer schön ordentlich arbeitet und spart, muß sich auch vor Sozialneid sowie Opernfestspielen nicht fürchten.

Die Kartoffel kommt zwar schon gegen 1680 ins Erzgebirge, wird aber erst nach den großen Hungersnöten von 1772 verehrt und angebaut.

12. Kapitel
oder
Ein total kulinarisches Zwischenkurzkapitel
oder Die Kartoffel als ein multikultureller Prozeß

Gibt es ein Leben vor dem Kühlschrank? Die Frage, die wir da aufgeworfen haben, kann mit einem zögerlichen *Ja* beantwortet werden, denn es gab ja Keller und Speisekammern. Dieses präfrigidäre Dasein vor der Erfindung des Kühlschranks im Jahre 1858 war aber schwer zu organisieren. Man mußte fast täglich auf den Markt, um Lebensmittel einzukaufen, so wie Frau Krauthahn zum Beispiel. Der Markt ist heute wieder gerammelt voll. Es gibt natürlich fast nichts, und was es gibt, das ist viehisch teuer. Nur Menschen gibt es genügend, Menschen über Menschen. Wo sie nur alle herkommen?[48]

Frau Krauthahn wundert sich. Frau Krauthahn stammt aus Taucha, und sich wundern ist ihre Lieblingsbeschäftigung. Sie wundert sich aber nicht gerne allein[49], deshalb freut sie sich, heute auf Frau Neidel zu treffen. Frau Neidel ist ebenfalls aus Taucha und weiß immer das Allerneueste. Sie legt auch gleich ordentlich los, damit Frau Krauthahn nicht lange unverwundert auf dem holprigen Fahrweg herumstehen muß.

»Hamses ooch schon gehört? Sie solln ja jetzt öffentlich ausgeliefert werden.«

---

48 Diese Frage können wir beantworten, denn wir wissen, daß nach dem Dreißigjährigen Kriege die Bevölkerung rasch zu wachsen begonnen hatte.

49 So wie ein Ozeandampfer ja auch nicht allein zusammenstoßen kann, er braucht dazu immer ein Partnerschiff.

Frau Krauthahn wird ganz Ohr, denn es geht sicher um irgendwelche Schwerverbrecher, Rabauken, erzgebirgische Räuberhauptmänner, wie den Stülpner Karle. Hat der Karl vielleicht wieder paar Jagdherren oder Forstaufseher geärgert? Der Stülpner ist den Leuten sympathisch, denn er führt die Großen an der Nase herum. Das heitert auf. Wenn man schon nichts zu beißen kriegt, hat man wenigstens mal was zu lachen …

»In Dresden gabs schon vorige Woche welche …«

Den Zusammenhang versteht Frau Krauthahn nicht, was hat das mit dem Stülpner zu tun? Und in Dresden gibts immer irgendwelche Luhmiche[50]. Aber die Erklärung würde ja gleich auf dem Fuße folgen. Sie wundert sich also immer noch nicht.

»Es soll ja die große Lösung für das Ernährungsproblem bringen. Nach den letzten zwei Hungerjahren möchte man ja mal wieder was Ordentliches auf die Rippen kriegen!«

»Von was reden Sie denn nu eigentlich aber auch!«

»Nu, von die Kartoffeln!«

»Ach, von die Erdäppeln!« Jetzt weiß Frau Krauthahn endlich Bescheid und kann sich wundern: »Das wundert mich aber, daß sie die hier oben bei uns so spät ausliefern, in der Residenz kriegense immer alles gleich!«

Frau Neidel nickt vielsagend und läßt noch eine Neuigkeit nachtropfen: »Wir hatten aber trotzdem schon welche! Hat mein Schwager aus Dresden mitgebracht! Der ist nämlich bei der Post![51]«

»Sagen Sie bloß!« Frau Krauthahn wundert sich wieder heftig. »Sie hatten schon welche? Wie tun denn die schmecken? Und vor allem, wie gehn denn die?«

---

50 Luhmich ist sächsisch und bedeutet soviel wie Loddrich oder Schlawiner.

51 Was ja kein Wunder ist, denn in Leipzig gibt es seit 1595 ein Postwesen.

»Nu, also wir warn nicht gerade hellauf begeistert. Roh schmecken sie wie, nu, wie nischt, aber eben bissel kräftiger. Es ist nicht die große Erleuchtung gewesen …«

»Nein«, jetzt kann Frau Krauthahn endlich mitreden, »da müssense was falsch gemacht ham. Ich habe gehört, man muß sie reiben, dann trocknen, und dann kann man draus Fladen backen. Daß sie das nicht auch gehört ham, das wundert mich?«

»Ja, das ham wir auch gemacht, aber das Zeug wird in geriebenem Zustande völlig schwarz, vor allem, wenn man es dann noch trocknet!«

»Sagen Sie nur! Wenn man sie aber nicht roh essen kann und auch nicht backen, ja was macht man denn dann damit? Das kann doch nicht die Lösung fürs Ernährungsproblem sein?« Frau Krauthahn wundert sich wieder.

»Naja, das auswärtige Zeug hat eben immer so seine Tücken. Als seinerzeit der Kaffee aufkam, mußten wir auch erst lernen, wie der geht. Mir ham eine schöne Suppe von den Bohnen gekocht. Und die wurden und wurden nicht weich. Wir ham die Bohnen so lang gekocht, bis sie angebrannt waren, aber nischt! Und wie ich dann den Topf ausspülen will, habe ich aus Versehen einen Schluck von dem Waschwasser genomm. Und da wußten wir auf einmal, wie richtiger sächsischer Kaffee schmecken muß!«

»Und was hamse mit ihren Erdäpfeln gemacht, auch anbrenn lassen?«

»Nein, wir hamse kleingeschnippelt und in eine Puddingsuppe gerührt. Da mumpelt man sie mit nunder. Mir ham uns bisher an alles gewöhnt, da wern wir uns auch langsam an die Kartoffeln gewöhnen.«

12. LEHRE AUS DER GESCHICHTE:

Kaffee: Erst rösten, dann kochen! Kartoffel: Erst kochen, dann rösten! Und: Der Sachse gewöhnt sich eben an alles!

Mit Kurfürst Friedrich August I. erlebt der sächsische Abso-
lutismus seine Blüte, was Kultur und Wirtschaft nicht hin-
dert, einen neuen Aufschwung zu nehmen. Als August der
Starke die Chance bekommt, vom polnischen Adel zum
König gewählt zu werden, nimmt er kurz entschlossen den
katholischen Glauben an. Die bis 1763 andauernde säch-
sisch-polnische Personalunion bringt hohe Kosten und
kriegerische Verwicklungen mit sich, die nach dem Sieben-
jährigen Krieg Sachsens Glanz verblassen und dafür Preu-
ßens Gloria erstrahlen lassen.

13. Kapitel

oder
Wie man einen großen August kleinkriegt
oder Der König im Selbstversuch

Wie ausgestorben lag das Königsschloß der sächsischen
Residenz; es war still, öd und trist. Der Nachmittag roch
herbstlich[52]. Aber das Schloß interessiert uns heute weniger, denn wir begeben uns nicht dorthin, wir begeben
uns nebenan ins Palais der vier Jahreszeiten, wo die
Cosel wohnt. Wir gehen sozusagen dahin, wohin der
König auch meist zu Fuß hingeht; denn wer zu Fuß
geht, muß im Dresdener Stadtzentrum nicht lange nach
einem Parkplatz suchen.

August schleicht sich also ins Palais; er kommt ziemlich spät und will eigentlich auch gleich wieder weg. Er
hält heute drüben im Schloß Stammtisch mit seinen lei-
tenden Hofbeamten. Den Stammtisch versäumt er nie,
es ist die einzige Möglichkeit, aus erster Hand zu erfah-

52 Hier gehört der Kapitelanfang nun aber wirklich hin, denn
er stammt aus dem berühmten Roman Gräfin Cosel von Jósef
Ignacy Kraszewski (1812–1887). Kraszewski ist Spezialist für
Sächsische Geschichte und weiß deshalb wirklich, wie Dresdener
Nachmittage riechen!

ren, was im Lande vor sich geht. Als absoluter Monarch steht man ja sonst absolut im dunkeln.

»August, bist du das?« ruft es jahreszeitengerecht aus dem Herbstflügel, denn die Cosel hat auf August den Starken schon stark gewartet.

»Ja, natürlich, meine gutste Anna. Wer soll es denn sonst sein!« August tut so, als sei er schon eine ganze Weile im Hause.

»Wo hast du denn wieder so lange gesteckt?«

Der Vorwurf in der Stimme ist unüberhörbar, aber August will heute keinen Streit, er freut sich lieber auf den Stammtisch. »Ich habe nur kurz beim Dinglinger vorbeigeschaut, der hat doch gestern neue Steine reingekriegt!«

»Hast du mir welche mitgebracht?«

»Das nicht gerade, wir sind jetzt wieder mal ziemlich abgebrannt. Ich habe so viel Geld in Polen investiert, da muß ich erst mal sehen, wie ich so bis zum nächsten Ersten über die Runden komme. Was gibt es denn zum Abendbrot?«

»Ich habe mir bissel Grünzeug angemacht, für dich habe ich nichts, ist ja ein Wunder, daß du überhaupt noch kommst!«

»Grünzeug?«

»Ja, Möhren, Radieseln, Rote Rüben, Rotkraut, Tomaten …«

»Wo hast du denn jetzt im Herbst die Tomaten her? Doch hoffentlich nicht aus Holland? Ich war mit dem sächsischen Heer neulich in Holland drüben. Ein furchtbares Land, da zieht es egal und regnet ununterbrochen. Rheuma ist dort die Nationalkrankheit. Für Tomaten ist das ein absolut tödliches Klima!«

August will unbefangen weiterplaudern, denn er ist bekannt für seine galanten Gespräche, aber die Cosel hat sich herangeschlichen und schneidet ihm das Wort ab: »Na, sage mal, was sind denn das für eklige Dreckpfoten? Und das schöne Seidenhemd, total eingesaut! Das kriege ich ja nie mehr sauber! Du siehst aus, als hättest du stundenlang Kohlen geschleppt. So einer will nun König sein! Du solltest dich schämen, alter Dreckfink!«

»Naja«, August ist das peinlich, »die lieben Untertanen ham mich wieder mal auf der Straße erkannt, und da mußte ich was verbiegen. Ich werde doch so gerne erkannt, und die Leute mögen es, wenn ich was verbiege. Da kriege ich mal öffentliche Anerkennung und Beifall als König und Staatsmann. Von dir ist in der Beziehung nicht mehr viel zu erwarten, da gibts ja nur noch Zank und Streit! Irgendwas muß ich meinem Volk ja bieten für die vielen Steuern, die sie egal bezahlen. Eine kleine Biege ist da das mindeste, was ich für sie tun kann. Außer einem alten Feuerhaken war aber nichts Biegbares in der Nähe. Kein Brückengeländer, kein Hufeisen, nischt …«

»Auf der Stelle gehst du dir jetzt die Dreckflossen waschen!«

»Ich gehe ja schon«, murmelt August und macht sich aus dem Staube. Das Boudoir der Cosel ist für solche Zwecke nur mangelhaft ausgestattet, dort kann man sich mit Duftwässern besprühen, aber kaum ordentlich waschen – keine Waschpaste, keine Kernseife, keine Handbürste, kein Fleckenwasser, nicht einmal ein grobes Handtuch läßt sich finden. Er muß also teures französisches Parfüm nehmen, was den Dreck aber kaum ablöst. Der Dreck riecht jetzt nur besser. Der König versaut bei seinen Säuberungsversuchen mindestens vier weiße Damasthandtücher. Dann endlich traut er sich an den Abendbrottisch.

»Horche mal, diese Eisenverbiegerei hört mir aber langsam auf, du kommst jetzt in ein Alter, wo man vernünftig werden sollte! Du machst dich doch überall zum Affen! Und dann liegt das verbogene Gelumpe rum, und keiner kriegt es wieder gerade!«

»Aber die Untertanen ham das nun mal so gerne,

wenn ich ab und zu was verbiege! Deshalb heiße ich schließlich August der Starke!«

»Ach so, August der Starke heißt du, und Eisenstangen kannst du verbiegen! Das ist ja interessant! Und wann wird endlich die Kellertüre repariert, die quietscht nämlich immer noch! Für einen starken August müßte das doch ein Klacks sein, die mal auszuheben und einzuölen!«

August kaut an einem Rotkrautblatt und bleibt ganz ruhig. »Wenn ich weiterhin so ein mageres Abendessen vorgesetzt kriege, dann ist sowieso nischt mehr mit Eisenstangen verbiegen, dann kriege ich nicht mal mehr einen Silberlöffel krumm. Dann kann ich überhaupt den Löffel abgeben! Uri Geller werden die Leute zu mir sagen.«

»Uri Geller?« Die Cosel wird mißtrauisch. »Wer ist denn das? Wieder so ein französisches Weibsstück vom Zirkus?«

»Uri ist ein Mann, und den kenne ich nicht und du auch nicht! Und der gehört gar nicht hierher! Und wenn ich schlecht essen will, dann kann ich ja gleich bei meiner richtigen Frau drüben im Schloß bleiben! Schließlich bin ich König von Polen und habe wenigstens zum Abendbrot ein Recht auf eine Scheibe polnischen Schinken oder eine Krakauer!«

»Es ist aber nichts anderes im Hause! Und polnischer König bist du momentan überhaupt nicht. Karl XIII., der alte Schwede, hat dir die polnische Krone nämlich weggenommen! Aber das hörst du ja nicht gerne, was?«

»Erstens war es Karl XII., und zweitens ist das ein junger Schwede, und drittens ist das nur eine Frage der Zeit. Die Russen ham jetzt die Schweden vernichtend geschlagen, und nun muß ich nur noch einmal den polnischen Adel kräftig bestechen, und schwups, schon bin ich wieder König!«

»Das will ein absolutistischer Monarch sein, muß den

112

polnischen Adel bestechen, damit er zum König gewählt wird!«

August wird jetzt langsam ärgerlich. Es kommt noch soweit, daß die Cosel ihm den Stammtisch versaut. Er schluckt seinen Unmut aber noch einmal zusammen mit einer Scheibe roter Rübe hinunter und erklärt geduldig: »Wir leben eben nicht in der Zukunft. Eines Tages wird es natürlich mal so sein, daß man niemand mehr bestechen muß, wenn man zum Kaiser, König oder Kanzler gewählt werden will. Da genügen paar blumige Wahlversprechungen! Aber wir leben in der guten alten Zeit. Da zählen noch echte Werte!«

Die Cosel hält nicht viel von Augusts echten Werten, *Werthers Echte*, ja die schmecken, die kann man sich auf der Zunge zergehen lassen, Augusts Geschwätz weniger, findet sie.

August legt nach: »Ja, da muß man was auf den Tisch legen, wenn man König werden will! Da beißt die Maus keinen Faden ab. Einige Millionen werde ich noch hinblättern müssen! Irgendwann leisten wir uns dann auch wieder Luxus und Knackwurst!«

»Irgendwann! Dann mußt du dich aber jetzt nicht beschweren, wenn zu Hause nichts auf dem Tisch liegt! Und warum muß es denn ausgerechnet immer der König von Polen sein? Zum sächsischen König hat es wohl nicht gereicht? Das muß man sich mal vorstellen: Da wechselt der Kerl sogar die Religion und wird katholisch, nur um König von Polen zu werden. Das ham dir deine Untertanen aber sehr übelgenommen. Ich weiß nicht, ob du das jemals wieder geradebiegen kannst!« Sie deutet auf seine noch immer nicht ganz sauberen Finger und schüttelt mißbilligend den Kopf, daß die Lockenwickler klappern.

August muß sich jetzt stark zusammennehmen. Er ist als Choleriker bekannt. Seine Finger umkrampfen das Besteck. Nicht biegen, denkt er sich, du darfst kein Silberbesteck verbiegen und auch nicht brüllen! Statt dessen redet er jetzt sanft mit Silberstimme und Engelszunge: »Unsre Sachsen sind doch so ein vorsichtiges und mißtrauisches Volk, denen kannst du nicht so leicht und plötzlich mit irgendeinem König kommen. Das wolln die erst einmal aus der Ferne beobachten. Und wenn sie das dann so eine Weile beschnarcht ham, und es ging einigermaßen gut, dann sind sie vielleicht endlich bereit, mich hier auch als König zu ästimieren. Und deswegen muß ich jetzt in Polen weiter investieren.«

»Wie lange soll das noch so gehen?«

»Naja, genau kann man das bei Investitionen nie vorhersagen. Man weiß ja nie, wohin die Gelder wirklich fließen, aber so paar Jahre müssen wir schon noch dranwenden! Das ist im Leben eben mit allen Neuerungen so. Wie lange muß so ein Wissenschaftler Leistung investieren, ehe er eine Erfindung rausgebracht hat? Oftmals Jahrzehnte! Na, wie lange hat der Böttger mit seinem Gold rumgemanscht, ehe es dann schließlich wenigstens Porzellan geworden ist? Bei den Ärzten ist es ja noch schlimmer, da gibt es sogar welche, die probieren die neuesten Heilmethoden nicht mehr an den Patienten aus, sondern am eigenen Leibe! Selbstversuch nennt man das!«

»Aha«, jetzt hat die Cosel begriffen, »du machst sozusagen in Polen einen Selbstversuch, um rauszukriegen, ob man dich später in Sachsen auch als König auf die Menschheit loslassen kann!«

»Genau, ganz genau!« August freut sich. Sie scheint seine Taktik endlich verstanden zu haben, und der Stammtisch scheint für heute gerettet.

Nur die Cosel setzt noch einmal nach und sagt so unschuldig, wie sie kann: »Sehe ich das so richtig, August, im Moment bist du sozusagen das teuerste Versuchskarnickel für Sachsen?«

»Genau! Jetzt ist der Groschen gefallen!« August ist besänftigt und versucht, wenigstens eine Möhre zu verbiegen, schafft es aber auch nicht, und beißt deshalb ein Stück davon ab.

»Ja«, beendet die Cosel das Abendgespräch, »das ist mir neulich schon aufgefallen, irgendwas von einem Karnickel hast du tatsächlich an dir!« Und damit meint sie natürlich nicht allein die Möhre.

August ist aufgestanden, seine Hände umkrampfen die Stuhllehne. Nichts verbiegen und nichts zerbrechen, denkt er sich, du bist August der Starke, du mußt jetzt ganz stark und tapfer sein! Kalt lächelnd und in Zeitlupe geht er zur Tür.

»Aber dieses Weib«, murmelt er schließlich, als er durch die Tür ist, »dieses Weib sperre ich ein, bis es schwarz wird!«

13. Lehre aus der Geschichte:

Die Stärke des Sachsen ist seine Gelassenheit, denn in der Ruhe liegt die Kraft.

*Nachdem die sächsisch-preußische Armee 1806 vernich-
tend geschlagen wird, tritt Kurfürst Friedrich August III.
vorsichtshalber dem Rheinbund bei und wird dafür von
Napoleon mit einem Königstitel belohnt. Bis zur Völkerschlacht 1813 marschieren die Sachsen treu und brav an
Napoleons Seite.*

*Als Verlierer der Befreiungskriege erlebt Sachsen eine hun-
dertprozentige Niederlage: Nach dem Wiener Kongreß fallen
58 Prozent seines Gebietes und 42 Prozent der Bewohner an
die neue deutsche Großmacht Preußen.*

14. Kapitel
oder
Von der Kunst,
während der Schlacht die Fronten zu wechseln,
oder Wie kommt man aus einer Sachsenklemme
wieder heraus?

Rumms, macht die Granate, läßt das Gemäuer erbeben
und wirft Dreckbrocken durch die Gegend ...

Na, was ist denn, liebe/r Löser/in, Sie wollen wohl
nicht zurückschrecken, das ist doch Ihre ureigene Geschichte, in die Sie jetzt hineingezogen werden, da kann
sich ein tapferer Sachse nicht heraushalten ...

Brrutsch! Diesmal ist es ein Schrapnell, was man sehr
gut am Klang erkennen kann, und natürlich auch an den
vielen kleinen Splittern, die es nach allen Seiten ver-
schickt.

Ach so, liebe/r Löser/in, Sie sind kein tapferer Sachse,
und der sichere Platz hinterm Fernsehapparat ist Ihnen
lieber als ein ruhmreicher Platz in der Geschichte? Brav
und sächsisch gedacht! Aber wie kommt man zu solch
einer weisen Erkenntnis? Es ist ein langer Weg, und den
müssen wir jetzt gemeinsam beschreiten ...

Momentan, also 1813, tobt in und um Leipzig herum die Völkerschlacht, das beeinträchtigt natürlich die Sicherheit und den Fernsehempfang. Also setzen Sie meinetwegen einen alten Arbeitsschutzhelm auf, und kommen Sie mit. Ein gewisser historischer Abstand schützt uns immerhin vor allzu plötzlichen Querschlägern.

Wir müssen nämlich zur Pleißenburg. Der Raum, in den wir uns begeben, gilt als bombensicher, jedenfalls so lange, bis wir uns noch nicht vom Gegenteil haben überzeugen lassen müssen. Die drei Herren, die dort beisammen sind, gelten als tapfer, jedenfalls solange wir uns noch nicht vom Gegenteil überzeugen mußten.

Der erste Herr in der standesgemäßen Reihenfolge ist der Herr Dr. Siegmann, Amtsführender Bürgermeister der Stadt Leipzig, dem man gerade seine Stadt ein wenig in Grund und Boden schießt. Der zweite Herr ist der sächsische König Friedrich August I., dem man gerade sein Königreich kurz und klein sprengt, und der dritte ist Kaiser Napoleon, dem man gerade ein Weltreich unterm Hintern wegschießt. Letzterer weiß letzteres natürlich noch nicht; die beiden anderen ahnen zumindest, daß das heutige Schützenfest zu ihren Lasten gehen wird. Der Bürgermeister hat schon Vorkehrungen getroffen, das Schlimmste zu verhindern. Er weiß nur noch nicht genau, wie schlimm das Schlimmste diesmal ausfallen wird. Aber im Moment darf sowieso nichts öffentlich werden, denn noch immer hat der Kaiser hier das Sagen. Der Kleinste führt das große Wort.

»Meine Erren«, sagt er ein wenig unbehaucht, weil er Franzose ist, und ein wenig unbeherrscht, weil die Schlacht nicht so läuft, wie er sich das vorgestellt hat, »meine Erren, was gedenken Sie zü tün, um Ihren Bündnisverpflichtungen mir gegenüber nachzükommen?«

Er steht da in Feldherrnpose 2b, hat die Hand, wie es sich für einen richtigen Napoleon gehört, zwischen die Bauchknöppe seiner längst nicht mehr ganz weißen

Weste geklemmt und schaut streng in die Gesichter der ihn umstehenden Herren. Er wippt dabei elastisch in den Knien, denn sein Imageberater hat ihm gesagt, daß ihn das größer machen würde. Und auf Würde hält er. Das mit der Hand in der Weste stammt auch seinem Imageberater. Diese Pose wollte Napoleon aber bei nächstbester Gelegenheit, also vielleicht gleich morgen nach gewonnener Schlacht, gegen eine bessere Feldherrnpose austauschen. Der Kaiser konnte nämlich viele Dinge gleichzeitig tun, ohne durcheinander zu kommen: schreiben, befehlen, zuhören, lesen, essen, trinken, schöne Damen anmachen und anschließend wieder ausmachen ... Für all diese Tätigkeiten benötigt man aber Hände, Hände und nochmals Hände, und davon war eine immer weg, wegen der blöden Pose. Sie war ihm sozusagen auf den Bauch gebunden. Also, da mußte dringend Abhilfe geschaffen werden.

Dem Treiben auf dem Schlachtfeld mußte auch ein Ende gemacht werden, dem Treiben der Sachsen zum Beispiel. Man schreibt heute den 18. Oktober, und da kommen einige Meldungen von der Front, die gar nicht gut klingen. Den Monarchenhügel vor der Stadt hatte er auch schon räumen müssen. Das war zu verschmerzen, der war ja kaum drei Meter hoch gewesen. Für Leipzig war das zwar eine stattliche Höhe, für die Weltgeschichte wahrlich nicht!

»Meine Erren«, sagt er noch einmal und blickt kaiserlich drohend in die Runde, »ich öre!«

Dem sächsischen König wird langsam klar, daß er derjenige ist, dem jetzt eine Antwort abverlangt wird. Ärgerlich guckt er auf den kleinen Kaiserzwerg herunter, der heute nicht mal auf seiner eigenen Manöverfußbank steht, die war ihm in Moskau verbrannt. Heute steht er auf der königlich-sächsischen Staatshitsche, die er in Dresden am 14. Dezember 1812 nach seiner Flucht aus Rußland einfach requiriert hatte. Die heutige Schlacht

118

kann er nicht mehr gewinnen, das weiß der König, also versucht er wenigstens Zeit zu gewinnen.

»Ja, Sire«, sagt er, denn er sagt nicht gerne Kollege zu einem Bürgerlichen, »ich war bissel in Gedanken, ich hatte nicht genau zugehört. Worum geht es denn, bitteschön?«

»Die Sachsen laufen davon! Soeben ist mir bemeldet worden, daß einige Regimenter die Seite verwechselt aben!«

»Gemeldet und gewechselt, sagt man!« Er verbessert den Kaiser höflich aber bestimmt, denn er findet, auch während einer Völkerschlacht kann es nie schaden, seine Fremdsprachenkenntnisse zu erweitern, im Gegenteil, gerade während einer solchen Schlacht! »Vermeldet könnte man auch sagen, während man bewechselt absolut nicht sagen kann, das gibt es nicht und würde urkomisch wirken …«

Brrutsch! Rumms! Brrutsch! – macht es. Richtig, liebe Lösers, das waren zwei Schrapnells und eine Granate. Sie kennen sich ja langsam aus.

Als sich der Rauch verzogen hat, steht nur noch der Kaiser auf seinem Fußbänkchen, die anderen kommen erst nach und nach wieder unter dem Tisch hervor.

»Ihre Trüppen«, sagt der Kaiser vom Schlachtenlärm unbeeindruckt und betont sorgsam, »laufen züm Feind inüber, Err König, abe ich mich jetzt korrekt ausgedrückt!«

»Ja«, gibt Friedrich August zu, »diesmal ist es Ihnen ganz gut gelungen!« Und als ihn der Kaiser weiter fordernd anblickt, beeilt er sich, ihn versöhnlich zu stimmen: »Es ist aber auch nicht einfach in so einer Schlacht den Kopf oben zu behalten, so ein Wirrwarr, da kann man schon mal den Überblick verlieren. Der viele Pulverdampf überall, man weiß ja das zehnte Mal nicht, wer der Freund vom Feind ist.«

»Ihre Trüppen aben aber die leuchtendsten Üniformen

weit und breit, rouge et jaune, also red and yellow[53]! Das kann sogar ein Blinder mit Krückstöck verkennen!«

Friedrich August merkt, daß es jetzt nicht gut wäre, dem Kaiser erneut Nachhilfeunterricht in Deutsch zu geben. So eine blöde Farbzusammenstellung aber auch, denkt er sich, das muß ich bei nächster Gelegenheit mal ändern lassen! Um eine Antwort kommt er trotzdem nicht umhin, und so sagt er dann vorsichtig: »Sie laufen zwar, aber nicht gleich alle zusammen – sozusagen gemeinsam laufen sie nicht über! Sie laufen mehr einzeln, jeder für sich und schön nach und nach. Und auch nicht ganz unbegabt!« Jetzt schwingt sogar ein wenig sächsischer Feldherrnstolz in seiner Stimme mit. »Manche sind so geschickt übergelaufen, daß sich bereits einige französische Regimenter angeschlossen ham – irrtümlicherweise!«

»Man kann nicht mein Verbündeter sein und gleichzeitig züm Eer meiner Feinde inüberverwechseln! Das ist Verrat, und Verräter werden ingerichtet! Kopf ab! Wir aben dafür in Frankreich eine sehr sinnvolle Konstrüktion!«

»Naja, Sire, wir wolln das nicht gleich so extrem formulieren …«

Rümms, bümms! – macht es, denn es ist diesmal eine französische Granate, die da gerade geplatzt ist.

Der Kaiser steht auch kurz davor zu platzen, muß es aber nicht selbst tun, denn das erledigt für ihn postwendend die feindliche Artillerie.

Brrutsch! Brrutsch! Brrutsch!

Die erlauchte Runde in der Pleißenburg ist dabei, sich wieder aufzurappeln, wobei der Leipziger Amtsführende Bürgermeister jetzt besondere Eile an den Tag legt. Er

53 Napoleon ist vor Erregung ins Englische geraten, er hat einfach zu viele Feinde. Er meint rot und gelb, denn so sahen die sächsischen Uniformen aus, die man deshalb auch mit dem Spitznamen Butterkrebse versah.

müßte eigentlich dringend zur Ratssitzung. Das, was er eben gehört hat, ist ihm neu. Als Bürgermeister bekommt man leider auch nicht immer die besten Informationen. Die Sachsen beginnen also überzulaufen, so so, es scheint also langsam andersrum zu kommen! Da müßte der Rat der Stadt schon mal heimlich die Kapitulationsverhandlungen vorbereiten, damit man nachher nicht so viel Zeit verliert, wenn der Napoleon die Kurve kratzt. Schließlich müssen viele wichtige Fragen entschieden werden: Wie stark ist die Parlamentärsdelegation? Soll sie mit Vollmachten und Geld ausgerüstet werden? Kriegt sie Spesen oder nur Gefahrenzulage und Trennungsgeld? Wer bezahlt die Lebensversicherung? Haben die Witwen Rentenansprüche? Soll beim Reiseproviant auch Schnaps dabei sein? Und vor allem: Schickt man einen Trompeter mit? Trompeter wäre nicht schlecht, macht einerseits optisch was her und weist andererseits auf Leipzig als Musikstadt hin. Die Parole für den Parlamentär hat er schon im Kopf: Leipzig kommt!

Rrümms! – macht es wieder. Liebe/r Löser/in, Sie müssen jetzt nicht raten, denn diesmal ist es keine Granate, es ist der Kaiser selbst, dem etwas geplatzt zu sein scheint und der deshalb mit der Breitseite seines Säbels auf den Tisch gehauen hat.

»Was nehmen Sie sich eraus, Sie lächerlicher Provinzkönig, ich abe Sie doch erst züm König gemacht, abe Ihnen allerlei Ländereien zügeschanzt, abe Ihnen Fortschritt geschenkt und westeuropäische Denkweise! Liberté, Egalité, Fraternité!«

Wenn Monarchen von Freiheit, Gleichheit und Brüderlichkeit anfangen, dann wird es haarig, das weiß auch Friedrich August, denn er ist selber einer; also redet er, um Zeit zu gewinnen, die Krone zu retten, den Kopf zu behalten … Er weiß es nicht, er redet erst mal.

»Naja, wir sind ja auch nicht undankbar, aber das mit dem sächsischen König damals habe ich nicht so ernst genommen. Ich dachte, das hat mehr symbolischen Charakter. Sozusagen von der polnischen zur sympolnischen Krone! Ich habe mir ja nicht einmal eine echte Krone anfertigen lassen, ich hatte den König sozusagen mehr theoretisch in der Krone. Und wir ham Sie ja auch seinerzeit voll unterstützt, als Sie unbedingt blödsinnigerweise im Winter in das kalte Rußland wollten, was sich ja dann letztendlich nicht gerade als Ruhmesblatt für Sie erwiesen hat. Wir nämlich, und das muß man ja auch mal irgendwo sagen dürfen, wir wollten von uns aus ja gar nicht. Sie wollten uns zum Verbündeten ham, und nicht umgedreht! Da mußte Ihnen ja klar sein, was auf Sie zukommt. Wir ham mit den Preußen gekämpft und verloren; wir ham gegen die Preußen gekämpft und auch verloren. Wir ham mit den Österreichern gekämpft und verloren; und wir haben gegen sie gekämpft und wieder verloren. Wir verlieren nämlich immer! Wieso sollen wir denn da gerade bei Ihnen eine Ausnahme machen!«

»Vielleicht ätte das sächsische Eer ein wenig tapferer unde eroischer kämpfen sollen! In Tirol werden Sie verspöttet! Dort at man ein Wirtsaus zü Ehren Ihrer Niederlage Sachsenklemme genannt!«

»Nu, jetzt wirds aber ganz verrückt! Wir haben nun mal eine typische Mittelgebirgstruppe! In der russischen Hungersteppe und im tiefsten Hochgebirge können wir nicht kämpfen. Einen gepflegten Kartoffelacker und eine grüne Wiese dagegen können wir immer noch ganz gut verteidigen, wenns drauf ankommt. Und ein Wirtshaus, was Sachsenklemme heißt, ist mir jedenfalls lieber als eine Pizzeria mit dem Namen St. Helena!«

Das hat der Kaiser nicht verstanden, Friedrich August hat hier ein wenig zu weit vorgegriffen. Im Raume herrscht plötzlich große Ruhe, jedenfalls bis zum nächsten Bombeneinschlag, der bestimmt nicht mehr lange auf sich warten lassen dürfte.

Friedrich August schaut Napoleon treuherzig an und

denkt sich: Wie auch immer die Sache heute hier ausgeht, die Uniformfarben werden auf alle Fälle gewechselt. Vielleicht machen wir sie weiß, so wie Nebel, und grün, wie Gebüsch, das wäre doch bestimmt keine schlechte Möglichkeit! Und als Landesfarben wären die auch nicht zu verachten. Weiß-grün ist nicht unoriginell, das hat nämlich nicht gleich jeder!

14. LEHRE AUS DER GESCHICHTE:

Wechsle lieber die Landesfarben als den Charakter!

Die revolutionären Wirren des Jahres 1848/49 verlaufen in Sachsen zumeist friedlich. Erst im Mai 1849 kommt es in Dresden zu Blutvergießen, da König Friedrich August II. nach dem Vorbild des preußischen Königs die Annahme der Reichsverfassung verweigerte. Zu den bekanntesten Aufständischen gehört neben dem Musiker Wagner und dem Baumeister Semper auch der russische Berufsrevolutionär Michail Alexandrowitsch Bakunin. Nachdem preußische Truppen die Ruhe wieder hergestellt haben, müssen viele Demokraten Dresden Hals über Kopf verlassen.

15. Kapitel
oder
Immer schön friedlich bleiben
oder Wie man in Sachsen Revolution macht

Liebe/r Löser/in, ich muß Sie nun leider noch einmal strapazieren. Kaum haben wir einem Schlachtgetümmel den Rücken gekehrt, schon reißt uns das nächste in seinen Strudel. Freilich könnte ich auch ein friedliches und besinnliches Kapitelchen einschieben, um mich dadurch bei Ihnen ein wenig anbieder zu meiern, oder sagt man anzubiedermeiern oder bieder anzumeiern? ...

Wir könnten dann gemeinsam ein wenig klagen, wie doch das arme Königreich nach dem Wiener Kongreß von 1815 eingeschrumpft ist. Das machen wir aber nicht, denn Ärger schlägt auf den Magen, und im Jahre 1823 wurde von dem englischen Chemiker William Prout die Magensäure entdeckt. Da kann uns allerlei hochkommen!

Wir könnten uns andererseits auch gemeinsam darüber freuen, daß im Jahre 1847 das Nitroglyzerin erfunden wird und in Sachsen trotzdem nichts in die Luft gegangen ist. Fast alles ist so geblieben wie früher, nur etwas liberaler vielleicht. Der gute König hat schließlich die neuen Landesfarben, weiß-grün, wie im letzten Kapitel versprochen, eingeführt, und in Sachsen gibt es endlich die erste Gasanstalt in Deutschland!

Aber wir freuen uns nicht, denn wir suchen ja neue Abenteuer und steigen kühn in das Jahr 1849. Das heißt, wir müssen dazu nicht mal mehr laufen, das Fahrrad ist ja auch in Schwung gekommen, und in Sachsen könnten wir sogar auf der ersten deutschen Ferneisenbahnstrecke von Leipzig nach Dresden fahren. In Dresden schließen wir uns dann einer Person an, die unter dem Namen Käthchen Schönlieb leider nicht sehr in die sächsische Geschichte eingegangen ist.

Wie ausgestorben lag das Königsschloß der sächsischen Residenz; es war still, öd und trist.[54] Der Nachmittag riecht diesmal nicht nach Herbst, das wäre ja auch ein Unding, jetzt im Mai, aber es riecht schon irgendwie strenger als sonst. Käthchen Schönlieb schnüffelt, kann aber nicht herausbekommen, wonach es riecht, denn Pulverdampf hat unser Käthchen noch nie gerochen. Und wenn es in Dresden nach Pulverdampf riecht, dann ist die Residenz für gewöhnlich wie ausgestorben und von allen königlichen Geistern verlassen, woraus man schließen kann, daß das sächsische Königshaus auch nicht gerne Pulverdampf roch. Im Jahre 1849 roch es aber hin und wieder etwas pülvrig, und da floh die Herrscherfamilie lieber routinemäßig auf den Königstein! Wenn man weiß, daß sonst auf dem Königstein meist politisch Mißliebige in Festungshaft gehalten wurden, könnte man sagen, der König habe sich selbst wegen politischer Unzulänglichkeit zu Festungshaft verurteilt.

---

54 Sehen Sie, man kann sich doch ganz gut an solche Anfänge gewöhnen.

Käthchen Schönlieb kommt also aus Pirna[55], was ja bekanntlich nicht weit vom Königstein entfernt liegt, weiß aber nichts von Politik und Pulverdampf, sondern hat nur frische Eier an die Dresdener Herrschaft zu liefern. Herr von Weller ist irgendein furchtbar hohes Tier bei Hofe und brauchte daher wöchentlich zwei Dutzend frische Eier. Herr von Weller ist aber heute nicht zu Hause, vielleicht hat er gerade Dienst als Fluchthelfer der Königsfamilie.

Nur Frau von Weller hat ängstlich an der Tür gestanden und zu Käthchen gesagt, daß sie auf keinen Fall in die Nähe des Schlosses gehen solle, denn da sei seit gestern die Revolution ausgebrochen. Mit Revolution kann Käthchen nicht viel anfangen, die gibt es in Pirna nicht. Eine Oper gibt es in Pirna auch nicht. Für Oper schwärmt aber unser Käthchen. Sie hatte gehofft, daß Herr von Weller endlich die lange versprochene Opernkarte herausrücken würde. Aber daran hat der gnädige Herr wieder nicht gedacht. Oper, das hätte sie heute gern sehen mögen! Revolution dagegen kann ihr gestohlen bleiben.

Wenn ich die Oper schon nicht von innen sehen kann, dann gucke ich sie mir eben von außen an! Heute ist ihr Dresden-Tag, und der muß genutzt werden. Käthchen macht sich also auf den Weg.

Weit kommt sie aber nicht, denn bald merkt sie, daß sie nicht mehr selbst Herr (oder Frau) ihrer Entscheidungen ist. Sie kann nicht mehr gehen, sie wird gegangen. So ein aufgeregtes Menschengewoge hat sie in Dresden noch nie zu sehen bekommen. Auswärtige sind sogar dabei – richtige Auswärtige, nicht nur solche wie sie aus Pirna! Sie, die beim Zählen mit zwei Dutzend bequem auskommt, hat es plötzlich mit Hunderten, ja vielleicht Tausenden von Menschen zu tun. Staunend läßt

55 Bitte fragen Sie mich nicht, wie Käthchen ohne Zuhilfenahme der Eisenbahn nach Dresden gekommen ist, dies ist schließlich keine Verkehrsgeschichte!

sie sich von der Menge treiben. In der Nähe des Altmarktes ist das Gedränge und Geschrei am größten. Von Reichsverfassung ist die Rede und vom aufgelösten Landtag und von preußischen Truppen, die der König per Eisenbahn nach Dresden bestellt hätte. Auch Schüsse wären in der Stadt schon zu hören gewesen!

Allmählich erkennt Käthchen ein gewisses System in dem Durcheinander. Die Gerümpelhaufen sind nämlich keine Gerümpelhaufen, sondern Barrikaden, die der berühmte Hofbaumeister Gottfried Semper selbst entworfen haben soll! Und der noch nicht ganz so berühmte Hofkapellmeister Richard Wagner wäre auch irgendwo dazwischen! Vermutlich komponiert er gerade eine Revolutionsoper! Käthchen Schönlieb ist begeistert. Der Opernchef ist dabei! Sie muß nicht in die Oper; die Oper ist zu ihr gekommen und findet heute auf der Straße statt.

Sie versucht sich irgendwie nützlich zu machen, denn eine Revolution, die eine Oper auf die Straße bringt, benötigt jede Hand, das ist ihr klar. Aber das ist nicht so einfach, denn linke Hände sind schon genug da, an rechten dagegen fehlt es. Schließlich belädt man ihren Eierkorb mit Proviantpaketen und schickt sie zur provisorischen Regierung, die gerade auf dem Altmarkt tagen soll. Die Regierung ist ziemlich provisorisch, findet Käthchen, denn sie besteht aus einigen Herren, die wild fuchtelnd laute Reden schwingen. Einer heißt Tzschirner, der geht ja noch. Ein anderer heißt Bakunin oder so ähnlich und sei angeblich gerade aus Rußland oder Prag gekommen und redet gerade, russisch, finster und feurig.

»Und wenn die Preußen sdjes durchbrechen, dann schlagen wir nasad und zünden das Opernhaus an! I kagda eto nicht hilft, sprengen wir eben tosche noch das Schloß in die Wosduch …«

Hat sie da eben richtig gehört? Das schöne neue Sempersche Opernhaus soll angezündet und irgendwo-

hin gesprengt werden? Herr Wagner, Herr Semper, wo
stecken Sie denn bloß? Sie müssen einschreiten! Sie
müssen protestieren? Herr Hofkapellmeister, Herr Hofbaumeister, das kann doch niemals in Ihrem Sinne sein!

Aber die Herren Wagner und Semper sind nicht da
oder kommen nicht zu Wort oder schweigen. Sie beschließt also, die Angelegenheit selbst zu klären, und
drängelt sich an die Seite des bärtigen Russen.

»Sie, Herr Bakunin, habe ich das eben richtig gehört,
Sie wollen die Oper sprengen und das Schloß anzünden
oder umgedreht ...«

»Dada[56], moja Freileinchen!«

»Nu, so geht das aber gar nicht, das hat doch alles viel
teures Geld gekostet, da steckt doch jahrelange Arbeit
drinne! Ein bißchen Ehrfurcht vor der Kunst könnte so
einer Revolution nichts schaden!«

»Macht nix! Kunst wird tosche gesprengt!« sagt der
Aufrührer und lacht so anarchistisch, wie er nur kann.

Der lacht mich aus, denkt Käthchen und fällt ihm
plötzlich mutig ins Wort: »Wenn Sie bitteschön irgendwas sprengen wollen, dann aber gefälligst daheim bei
sich! Bei uns machense das nicht! Wo kämen wir denn
da hin, wenn wir die Schlösser und Kirchen in die Luft
sprengen wollten?«

»Da kämen wir geradewegs in den Sozialismus! Und
damoi ich kann nicht sprengen, denn moja imja ist Bakunin, das heißt, ich komme aus Baku. Und in Baku, da
gibt es Petroleumquellen, ponimajesch. Da kann man
nicht sprengen, ist zu gefährlich!« Er brüllt vor Lachen
und schlägt sich auf den revolutionären Bauch.

»Schämen sollten Sie sich!« sagt Käthchen Schönlieb,
dreht sich auf dem Absatz herum und geht spornstreichs
zurück nach Pirna.

56 Was nichts mit Dadaismus zu tun hat, sondern russisch ist
und soviel heißt wie: nun ja, aber immer, selbstverständlich, ge-
wiß doch, gelle, nor

Nun ist uns freilich nicht bekannt, ob Käthchen damit den Ausschlag für die Niederlage der Dresdener Kämpfer gegeben hat – aber möglich ist es schon.

Zu denken sollte uns nämlich geben, was Herr von Weller am Abend des 9. Mai während des Essens, bei dem es übrigens frisches Rührei gibt, zu seiner besorgten Gattin bemerkt: »Es ist schon bitter«, sagt er, »wenn nicht sogar tragisch. Aber vielleicht sollten wir Sachsen später mal unsere Revolutionen irgendwie anders machen, geordneter, friedlicher, menschlicher …«

»Jaja«, pflichtet ihm Frau von Weller bei, »so ein Mann wie Robert Blum, der hätte unsere Revolution tatsächlich gleichsam veredeln können!«

»Ja, der Robert Blum, das wäre vielleicht für uns der Richtige gewesen, der wußte, wie man bei uns Revolutionen macht!« Und nach kurzer Pause wendet er sich wieder dem Rührei zu und beendet das aufschlußreiche Gespräch mit dem bemerkenswerten Satz: »Es hat ihm aber auch nicht viel genützt, tot[57] ist er trotzdem!«

15. LEHRE AUS DER GESCHICHTE:

Sächsische Revolutionen haben ihre Eigendynamik und sollten deshalb ausschließlich von Sachsen veranstaltet werden!

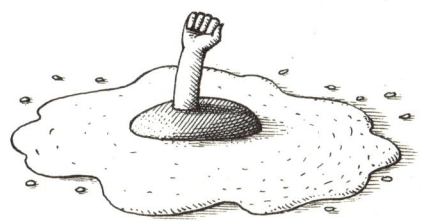

57 Robert Blum wurde bekanntlich als sächsischer Abgesandter der Frankfurter Nationalversammlung in Wien verhaftet und am 9. November 1848 erschossen.

Während des Krieges 1870/71 kommt es erneut zur preu-
ßisch-sächsischen Waffenbrüderschaft, denn Sachsen ist
Mitglied des Norddeutschen Bundes geworden. Kronprinz
Albert hat großen Anteil an den militärischen Erfolgen und
darf in Paris sogar die Siegesparade vor Kaiser Wilhelm I.
kommandieren. Sachsen opfert dem Deutschen Reich seine
Eigenständigkeit.

16. Kapitel
oder
Es geht aufwärts oder Der Sachse und das Stellvertreterprinzip

So, liebe/r Löser/in, jetzt haben wir ein kleines Problem: Wenn Sie nämlich Wert auf einen streng chronologischen Fortgang der Geschichte legen, dann müssen Sie an dieser Stelle weit zurückschlagen bis auf Seite 47 und dort das erste Halbkapitel des 5. Kapitels zu sich nehmen[58]. Ansonsten springen Sie gleich mit mir in das Jahr 1872 und ins westliche Ausland nach Versailles. (Es ist übrigens unser erster Auslandsaufenthalt, sächsische Geschichte spielt sich eben gerne zu Hause ab, und dies ist die Ausnahme, die die Regel bestätigt!)

Dort ist großer Bahnhof angesagt, denn der frisch-gebackene Kaiser Wilhelm I. hat soeben am 3. März die große Siegesparade abgenommen und gibt jetzt einen aus. Im Spiegelsaal von Versailles geht es darum hoch her …

Was Sie anziehen müssen, liebe/r Löser/in? Naja, den Völkerschlachthelm können Sie jetzt weglegen. Sie haben sonst nichts Passendes für Manöverbälle? Also ein polierter Sektkühler aus Messing mit einem Handfeger drapiert müßte genügen, um Ihnen als Mitglied des Generalstabes freien Zutritt zu verschaffen. Vielleicht haben Sie auch irgendwo noch ein altes Aktivistenabzeichen rumliegen?

---

58 Sie erinnern sich, das war die Angelegenheit mit dem historischen Vorgriff, vergleichen Sie auch Fußnote Nr. 15 und 17!

Ich weiß, dieser DDR-Firlefanz paßt historisch nicht in die Zeit. Aber Orden ist Orden, und an eine preußisch verbündete Brust gehören nun mal Orden. Sie können zur Not auch das Sportleistungsabzeichen in Silber anlegen ...

Was? Sie wollen sich nicht zum Affen machen? Ich weiß ja, daß wir Sachsen auf militärische Dinge reserviert bis verständnislos reagieren, aber hier muß es einfach einmal sein! Ich erzähle Ihnen zur Belohnung auch einen passenden Witz:

Kommt ein Herr nach Leipzig, schnappt sich ein Taxi und verlangt energisch, zum Grabmal des Unbekannten Soldaten gebracht zu werden. Der Taxifahrer fährt ihn vor ein stadtbekanntes Denkmal. Der Fahrgast schaut sich irritiert um und bemerkt dann schließlich: »Sie, das ist doch nicht das Grabmal des Unbekannten Soldaten, das ist doch der Mendelssohn Bartholdy!«

»Jaja«, meint der Taxifahrer, »das hat schon seine Richtigkeit, denn der Mendelssohn war ja als Soldat völlig unbekannt!«

So, nun gehts aber auf nach Frankreich. Da staunen Sie, was? Schauen Sie sich nur um, genießen Sie all die Pracht von Versailles! Nein, liebe Lösers, das Deutsche Heer besteht nicht nur aus Kaisern! Der Eindruck täuscht. Das liegt am Spiegelsaal. Der Kaiser steht sehr günstig, so daß sein Ebenbild hundertfach zu sehen ist. Immer so herumzustehen, daß es nach was Großem aussieht, das hat der Kaiser gelernt. Der, der neben ihm steht, steht nicht so groß da und wird deshalb leicht übersehen, obwohl er nach der französischen Kapitulation auch ganz gut dasteht. Es ist der sächsische Kronprinz Albert, der dem Kaiser bei Fuße steht und Schönchen macht. Das heißt, er steht in Habachtstellung.

Im Saale ist was los, Uniformen leuchten, schöner als beim Kölner Karneval, und mächtiger Lärm brodelt; Hacken klappen, Orden klimpern, Sektkorken zischen,

Gläser klingen und Trinksprüche schallen. Es gibt Kaiserschmarren, und eine preußische Militärkapelle intoniert den Kaiserwalzer. Es geht total kaiserlich zu, sogar der Kaffee ist aus Kaisers Kaffeegeschäft!

Der Kronprinz steht leicht vorgebeugt und schaut mit treuen sächsischen Augen zu seinem Kaiser auf. Er liegt deshalb ein wenig schräg und ist ganz Ohr, um keines der unsterblichen Kaiserworte zu versäumen. Der Kaiser dagegen macht sich groß und gerade, denn er ist ein hoher Zoller, wenn nicht sogar der höchste Zoller, den es je gab! Jeder Zoll an ihm ist heute Hohenzoller.

»Na, mein Lieber«, geruhen Majestät zu schnarren, »hamse doch janz jut hinjekricht! Janze Parade lief ja wie jeschmiert! Keine Sau vom Pferd jefallen! Sojar die Anzahl der Böllerschüsse hat jestimmt! Jratuliere, jut jebollert! Keine besonderen Vorkommnisse, auch sehr jut, werde das bei jebührender Jelejenheit zu würdijen wissen. Und was Sie da vorher im Franzosenkrieg jemacht haben, Vorjefecht bei Verdäng und so – ebenfalls sehr jut jewesen!

Peng, peng, peng!

Jefallen is Verdäng!«

Der Kronprinz guckt irritiert.

»Issn Jedicht!« belehrt ihn der Kaiser. »Kurz und schmerzlos, aber sehr jehaltvoll! Könnte zur Not auch von mir jewesen sein!«

»Majestät haben mich vermutlich deshalb auch zum Oberkommandierenden von Paris gemacht!« beeilt sich der Kronprinz in die kaiserliche Kunstpause hinein zu bemerken.

»Richtich!« schnoddert der Kaiser weiter. »Oberkommando in Paris hamse ja auch! Sieht nich jut aus in Paris! Könnte sojar Revolution jeben! Naja, könnse dann ja mal selbst niederschlagen, wenns losjeht mit den Kommunarden oder -nisten! Letzte Revolution in Sachsen hamse uns ja noch dazu jeholt! Hähä! Aber jetzt mal im Ernst, isses nicht ein schönes Jefühl für einen alten Sachsen, heim ins Reich jekommen zu sein! Jetzt, mein lieber Albert, wächst zusammen, was zusammen jehört!«

Der Kronprinz lauscht andächtig.

»Na, hamse den Spruch schon mal jehört, nee, wa? Is janz brandneu! Und sojar die Sachsen haben jetzt ihren festen Platz im Reich!«

»Erlauben, Majestät, aber wir Sachsen hatten immer unsern festen Platz im Reich! Wir haben sogar einst deutsche Kaiser hervorgebracht.«

»Hähä, was heißt hier Kaiser? Das war in jrauer Vor-jeschichte! In letzter Zeit hat es jrade noch mal so zum Könich jelangt. Ich sage nur Schlacht bei Könichjrätz, mein Juter, sage weiter nichts! Wo war denn da Ihr fester Platz? An der Seite der Habsburjer, wa?«

»Majestät, wir haben dort immerhin den ordentlichsten Rückzug in der gesamten Kriegsgeschichte vollzogen, unter Zurücklassung nur eines einzigen demontierten Feldgeschützes, das ist sogar von Ihrem Kriegsbericht-erstatter, dem Herrn Theodor Fontane, lobend erwähnt worden …«

»Na, lassense man jut sein! Jetzt müssense nicht mehr vor de Preußen flüchten. Jetzt jehts nicht mehr zurück. Es jeht jetzt nur noch jemeinsam vorwärts! Im Deutschen Reich hat eben auch der Sachse seinen Platz!«

»Und welchen Platz meinen Majestät?«

»Den zweiten Platz. Der Sachse jehört von Natur aus an die zweite Stelle! Er ist der jeborene Stellvertreter! Immer wenn er an erster Stelle steht, jeht es voll in die Hose! Hähä, symbolisch jesehen! Aber als Stellvertre-ter[59] ist er Jold wert, da jibt es jar keinen besseren!«

59 Man kann über den Kaiser sagen, was man will, aber wo er recht hat, hat er recht. Das wußte auch Helmut Kohl, als er Diet-rich Genscher zum Kanzlerstellvertreter machte. In der jüngeren Geschichte hat nur einmal ein gewisser Walter Ulbricht (siehe Kapitel 18b) versucht, das Stellvertreterprinzip zu durchbrechen, aber wir alle wissen, wie das ausgegangen ist.

Prinz Albert guckt ein wenig ungläubig.

»Könnse mir jlauben. Habe eijene Erfahrung damit je-macht. Wenn der Stellvertreter jut ist, kann der Chef das jrößte Arschloch der Weltjeschichte sein! Das merkt keine Sau!« Majestät lachen kurz und kaiserlich. Prinz Albert guckt noch immer verwirrt und weiß nicht, ob er mit einstimmen darf.

»Naja«, der Kaiser geruhen, seine Behauptung mit ei-nem Beispiel zu unterlegen, »der Heringsbändjer, der Butterkremtortenerfinder, dieser Bismarck, zum Bei-spiel, ist ja auch ein alter Sachse …«

»Bismarck ist ein Sachse?« Der Kronprinz gestattet sich einen leichten Zweifel.

»Natürlich, kommt doch aus dem Sachsenwald! Bis-marck, die stille Quelle des Sachsenwaldes, noch nie je-hört, was?«

Nein, das hat der Prinz noch nicht gehört.

»Na, macht ja nichts, sind ja Jeneral und nich Jeojraf! Jedenfalls der Bismarck hat das janze Deutsche Reich ratzbatz aus Blut und Eisen zusammenjeklatscht! Hätte kein anderer so jut jeschafft, und so schnell! Hut auf, sage ich da nur! Da müssense bestimmt noch mal über hundert Jahre warten, ehe da wieder einer kommt, der unser Vaterland so schnell zusammenklitscht! Wenn sich der Sachse nun immer brav in seine Rolle als Stellver-treter fücht, kann er es weit bringen! Wohl dem deut-schen Staatsoberhaupt, das dann einen Sachsen als Stell-vertreter hat!«

Prinz Albert zieht ein folgsames Gesicht und nickt ehrfürchtig.

»Der Stellvertreter«, und nun halten der Kaiser noch eine kleine Lektion in Staatskunst, »hat natürlich immer die Drecksarbeit zu machen, das ist janz normal. Wenn ein Kriech jewonn wird, dann tritt der Chef vors Volk und läßt sich feiern. Wird der Kriech aber verloren, muß der Stellvertreter reden und wird anjespuckt! Wird die

Steuer jesenkt, nur mal anjenommen, kommt ja in der Praxis kaum vor, dann verkündet das der Chef, wird die Steuer aber jehoben, muß der Stellvertreter vor! Die Orden verteilt der Chef, die Katastrophen verkündet immer der Stellvertreter! Hammse das verstanden? Und wenn alles hin und im Eimer is, dann jeht der Chef stiften, und der Stellvertreter wird jehenkt! Hähä! Jut, wa? Jetzt könnse mal sehen, wie wichtig so eine Jestalt in der Jeschichte ist!«

Der deutsche Kaiser klopft dem sächsischen Kronprinz jovial mit dem kaiserlichen Handschuh auf den königlichen Unterarm. Er wird persönlich und wechselt Tonfall und Thema. »Habe jehört, Ihrem Herrn Onkel Könich Johann jeht es jrade jesundheitlich nicht janz jut unten in Dresden? Wirds wohl nicht mehr lange machen, der alte Knabe, was? Na, wenn er dann abjenippelt ist, sind Sie dran, mein juter Albert! Und wissen Sie, was Sie dann sind?«

»Natürlich, Majestät, König von Sachsen!«

»Jaja, nenee, das sindse zwar ooch, aber nur nebenbei! Sie sind dann sojar mein Stellvertreter in Sachsen! Denkense mal drüber nach!« Er nickt noch einmal leutselig und geht dann dahin, wo eben auch der Kaiser bisweilen zu Fuß hingeht.

16. Lehre aus der Geschichte:

Sachsen kommen lieber reich ins Heim als heim ins Reich. Für einen Sachsen steht die zweite Stelle meist an erster Stelle.

Die Gründerjahre lassen in Sachsen nicht nur den Schorn-
stein der ersten deutschen Zigarettenfabrik rauchen. Nach
der Aufhebung des Bierzwangs sprudelt es allerorten. Die
Arbeiterbewegung bewegt sich, und Unternehmer unter-
nehmen viel, unterscheiden sich aber nicht mehr viel von
ihren englischen Vorbildern.

17. Kapitel
oder
Man lacht über uns oder Wie wir wirtschaftlich
in den Ost-West-Konflikt gerieten

Mein Kompliment, liebe/r Löser/in, Sie haben sich auf
den letzten 25 Seiten ausgesprochen tapfer gehalten, haben Völkerschlacht, Revolutionswirren und Militäremp-
fängen standgehalten, sind dabei nicht einmal von meiner Seite gewichen und haben weder gequängelt noch
gedikscht! Sie haben das Zeug zu einem würdigen Stellvertreter! Ich hätte die Gelegenheit gleich nutzen sollen,
beim Kaiser für Sie eine Beförderung zu erwirken …
Kein Interesse daran? Sie neigen einer mehr pazifisti-
schen Grundhaltung zu? Das ist ja auch kein Wunder,
nach dem, wie man uns in Kriegen und Revolutionen
mitgespielt hat, hätte ich mir das denken können.

Gut, treten wir also in eine friedlichere, schöpferi-
schere Epoche voller kommerzieller Aktivitäten ein: die
Gründerzeit. Die Gelegenheit ist günstig, zugleich einen
kleinen Abstecher nach Chemnitz zu wagen, denn was
in Leipzig verhandelt und in Dresden verpraßt wird,
muß ja zuvor irgendwo hergestellt worden sein.

Wir schauen uns heute bei Herrn Albin Thoß um. Der
hat in Chemnitz eine Stadtvilla und ist ansonsten Fabrikant. Dazu gehört in Sachsen nicht viel, denn seit 1861
herrscht im Lande Gewerbefreiheit. Man braucht eigentlich nur eine Fabrik und so zwei- bis dreihundert emsige

Arbeiter, es können auch ruhig paar hundert mehr sein. Und an fleißigen Arbeitern mangelt es in Sachsen nicht! Die Wirkstätte des unternehmerischen Tuns von Herrn Thoß liegt zwar mehr drüben bei Limbach, aber in Chemnitz wohnt es sich vornehmer.

Herr Thoß ist ein sehr gründlicher Mensch und hat sich mit der Zeit eine hübsche Gründerzeitvilla mit vielen schönen Gründerzeitmöbeln zusammengegründet. Er sitzt also in seinem Gründerzeitstilstuhl und studiert die Gründer-Zeitung. Er ist politisch sehr interessiert, und man geht nicht fehl in der Annahme, wenn man ihn einen fortschrittlich gesonnenen Liberalkonservativen mit nationalpatriotischen Anwandlungen nennt, der im Jahre 1848 während seines Studiums in Leipzig – drei Semester die Rechte – sogar ein wenig herumdemokratelt hat. Damals war er begeisterter Zuhörer im Redeübungsverein gewesen. Derzeit ist er allerdings Fabrikant und redet nicht nur gern, er hat jetzt auch einiges zu sagen. Herr Albin Thoß besitzt eine der bedeutendsten aufstrebenden mittelsächsischen Strumpffabriken.

Aber deshalb muß man nicht denken, daß er auf leisen Strümpfen zu gehen gewohnt ist. Seine Passion ist das laute Wort. Der Redeübungsverein hat bleibende Spuren hinterlassen. Herr Thoß redet für sein Leben gern. Er hätte in seiner Fabrik sogar Sozialdemokraten geduldet – natürlich nur, um vor ihnen das große Wort zu führen. Das hat sich aber unter den Sozialdemokraten herumgesprochen, weshalb sie die Thoßsche Strumpffabrik meiden wie der Teufel das Weihwasser. Das wiederum kommt dem Betriebsklima der Fabrik zugute. Der heute auch in weiten Teilen der sächsischen Bevölkerung sehr verbreitete Sozialneid ist in der Thoßschen Arbeiterschaft nicht zugelassen und daher so gut wie unbekannt. Die Arbeiterinnen, Herr Thoß achtete schon damals auf einen hohen Frauenanteil, haben kaum das Bedürfnis, mit Herrn Thoß über politisch relevante Fragen zu diskutieren, ja immer, wenn Albin Thoß durch seine Fabrikräume stolziert, ist um ihn herum ein angenehmer Hauch von Politikverdrossenheit zu spüren.

Seine politischen Interessen kann Herr Thoß also lediglich und hauptsächlich im Rahmen der eigenen Familie befriedigen. Kinder sind ihm aber bisher nicht vergönnt, deshalb besteht die Familie nur noch aus seiner Gattin Isolde und deren Handarbeit. Isolde ist von jener Art sächsischer Schönheit[60], an der auch der spitzeste Zahn der Gründerzeit vergeblich zu nagen versucht. Isolde betreibt Handarbeiten und steht ansonsten allabendlich als geduldiges Opfer für die politischen Ansichten ihres lieben Albin zur Verfügung. Sie hat die unschätzbare Begabung, einer Sache nie länger als zwei Minuten konzentriert zuhören zu können. Sie läßt Thoß einfach reden und blendet sich aus, denn ihr weites Herz gehört der Handarbeit. Früher hat sie feurig gestrickt und leidenschaftlich gestopft. Aber als Gattin eines Wirk- und Strumpfwarenfabrikanten geht das nun natürlich nicht mehr an; eine verbissen Socken stopfende Strumpfwarenfabrikantengattin paßt nicht ins Thoßsche Weltbild und wäre im höchsten Maße geschäftsschädigend. Deshalb gilt nun all ihre Liebe der Stickerei, und sie hofft inständig, daß Herr Thoß sich ja keine der neuartigen Stickereimaschinen anschaffen möge!

»Albin, ich brauche dringend Stickstoff!« Das soll die Eröffnung des Abendgespräches sein, aber es klingt mehr wie ein Hilferuf.

»Du brauchst keinen Stickstoff, du brauchst Sauerstoff!« Herr Thoß besitzt auch ein gewisses Maß an naturwissenschaftlich-medizinischer Bildung und läßt seine diesbezüglichen Kenntnisse gerne ins Gespräch einfließen. Und gerade über Sauerstoff kann er Auskunft

60 Man weiß ja, die Südländerin welkt schnell dahin, während die Sächsin ein ganzes Leben dazu braucht!

erteilen, denn seit 1877 gibt es den sogar flüssig. Als Geschäftsmann schätzt er es, liquid zu sein.

»Wer an Blutarmut leidet, braucht Sauerstoff. Vielleicht solltest du zur Kur fahren in eines unserer neuen Bäder. Nach Bad Elster vielleicht?«

»Nein, Albin, ich brauche Stoff zum Sticken! Wenn ein Textil-Vertreter in die Firma kommt, da bestellst du was, gelle …«

»Ach so, ja! Stoff zum Sticken! Eine köstliche Verwechslung!« Er lacht herzlich, denn wenn es sich nicht vermeiden läßt, ist er ein durchaus humorvoller Mensch.

»Lache nicht egal über mich, das kann ich nicht vertragen. Jetzt, wo schon so alle über uns lachen!«

»Wer lacht über uns?« Herr Thoß wird prinzipiell, denn er fühlt sich in seiner unternehmerischen Würde angegriffen.

»Na, im Kladderadatsch, da sind jetzt immer solche Sachsenwitze abgedruckt, heute grade wieder, unter der Rubrik: Gut gegeben! Da kommen wir aber nicht gut weg!«

»Nun ja, wir sind jetzt eben Deutsches Reich …«

»Was hat denn das damit zu tun?«

»Das neue Deutsche Reich ist eine Schicksalsgemeinschaft, für die wir Sachsen um des Gemeinwohls willen auch Opfer bringen müssen. Andererseits: Gedenke nur der ungeheuren Möglichkeiten wirtschaftlichen Aufschwungs!« Er kommt langsam in Fahrt, und für Frau Isolde wird es dann Zeit, abzuschalten und sich mit Herz und Hand dem Kreuzstich hinzugeben.

»Im nächsten Jahre werde ich eine Niederlassung in Bielefeld einrichten, und bald beherrschen wir den gesamten westdeutschen Markt. Wir werden sie mit modernen und preiswerten Produkten überschwemmen! Bei uns in Sachsen sind immerhin 58 Prozent der Bevölkerung in der Industrie beschäftigt, das muß man sich mal vor Augen führen – im Restreich sind es nur lächerliche 39 Prozent. Unser Bildungswesen kann sich sehen lassen. Der Bebel hat im Landtag vorgeschlagen, die kostenlose Schulbildung einzuführen. Da spricht sogar einmal dieser rote Herr Bebel ganz in meinem Sinne, denn Bildung ist doch ein gewaltiger Standortvorteil. Dazu kommen unsere neuen Technologien. In Halsbrücke wird ein 140 Meter hoher Schornstein gebaut, um die Auswirkung der schädlichen Abgase zu vermindern. Schutz der Umwelt, daran denkt heute im Westen noch kein Mensch! Optik, Maschinenbau, Fahrzeugbau, überall sind wir führend! Von uns Textilfabrikanten will ich gar nicht reden! Da ist es doch nicht verwunderlich, daß sich der Schwerfällige, der Erfolglose, der Anpassungsunfähige, oder sagen wir es offen, der zurückgebliebene Westdeutsche in unserm endlich wiedervereinigten Reich zur Wehr setzt, indem er Witze über uns reißt. Mehr hat er eben nicht zu bieten! Soll er doch! Das ist das Opfer, das wir gerne zu bringen bereit sind, für unser wiedervereinigtes Deutsches Reich!«

Herr Thoß holt Luft und sich eine Zigarre, die er routiniert beschneidet und über einer eigens dafür angeschafften geruchsneutralen Gasflamme entzündet. Er dampft genüßlich ein und aus. Frau Thoß schaut von ihrer Stickerei auf und denkt an die armen, teuren und rauchempfindlichen Spitzenvorhänge.

»So gesehen, Albin, mag das ja alles gut und schön sein. Aber ich habs eben nicht gerne, wenn man über uns lacht. Und wenn wir mal wirtschaftlich nicht mehr so mithalten können, dann ham wir gar nisch mehr, woran wir uns festhalten können!«

»Haha!« Herr Thoß ist ganz Übermut. »Wir Sachsen sollten einmal wirtschaftlich nicht mehr mithalten können? Haha, das ist köstlich! Wie und wann, bitte schön, soll denn das geschehen! Da müßte schon noch mal so was wie der Dreißigjährige Krieg über das Land kommen …«
Er lacht lange und dröhnend.

Isolde hat sich bereits wieder abgemeldet. Sie hat ja keine Ahnung von Politik. Sie macht lieber Kreuzstich, denn davon versteht sie was. Kreuzstich ist was Reelles!

17. LEHRE AUS DER GESCHICHTE:

Wer zuletzt lacht, lacht am besten. Aber wer weiß schon genau, wann zuletzt ist!

Die Novemberrevolution 1918 läutet das Ende des sächsischen Königreichs ein. König Friedrich August III., der letzte regierende Fürst aus dem Hause Wettin, dankt ab, und Sachsen wird Freistaat.

Eine bayerische Partei, die braune Hemden liebt, nutzt die Sanftmut der Sachsen und bildet dort ihre zweite Zelle.

18. Kapitel

oder

Macht eiern Dreck alleene

oder Wie ein Ausspruch zu wörtlich genommen wurde

Wie ausgestorben lag das Königsschloß der sächsischen Residenz; es war still, öd und trist. Der Nachmittag roch herbstlich.[61] Ja, wenn Sie ganz genau hinriechen, dann merken Sie, es riecht sogar spätherbstlich. Das ist kein Wunder, denn wir schreiben ja den 9. November. Die Tore sind an diesem Tag geöffnet worden, und alle, alle, die es irgendwie möglich machen konnten, sind hinausgegangen …

Nein, liebe/r Löser/in, Sie sind jetzt historisch auf einem völlig falschen Dampfer! Wir schreiben nicht den 9. November 1989, wir schreiben den 9. November 1918!

1989 sind die Sachsen ja auch nicht so einfach hinausgegangen, sie sind hinausgeströmt! Das war die Zeit, als die DDR in den letzten Zügen lag, in den Zügen von Prag über Dresden nach Hof. Und wer diese Züge verpaßt hatte, der quetschte sich in den Trabbi, um sich auf die Autobahn in Richtung Hof zu begeben, was eine ununterbrochene Autokette von Dresden bis Hof ergab. Das war der vermutlich längste Autostau in der sächsischen Verkehrsgeschichte, der uns hier aber historisch nicht wesentlich voranbringt.

61 Riechen Sie noch einmal kräftig hin, es ist die allerletzte Gelegenheit. Gleich haben Sie es überstanden!

Am 9. November 1918 jedenfalls waren nur die Tore zum Hof des Residenzschlosses geöffnet, und der Hof war weder im Hof noch auf der Straße, noch auf der Straße nach Hof, er hatte den Schwanz eingezogen und sich still und leise davongemacht.

Nur König Friedrich August III. ist als königlicher Restposten im Schloß zu finden. Er hat noch einmal feucht gewischt, obwohl es normalerweise ausreichen müßte, wenn er die Regierungsetage besenrein übergeben würde. Aber jetzt ist ja nicht normalerweise, jetzt ist ja wieder mal Revolution in Sachsen.

Die gröbsten und sperrigsten Gesetze hat er in den Schrank gesperrt, und nun erledigt er noch den Zettelkram, was aber außerordentlich mühsam ist. Er kann nicht telefonieren, denn das Haupttelegraphenamt in Dresden ist von Spartakisten besetzt. Auch eine militärische Dienstleistung in Form einer Dienstleitung über das Generalkommando des Heeres ist nicht zu bekommen. Dort haben Soldatenräte das Kommando. Und im Polizeipräsidium wollte er es gar nicht erst probieren, denn man weiß ja, wenn man die Polizei braucht, ist sie sowieso nicht da … Er legt also den Zettel, auf den er fein säuberlich geschrieben hat: Kaiser Wilhelm anrufen und ihm sagen: Das haste nun davon!, wieder auf den Schreibtisch zurück.

Er schreitet nochmals seine Diensträume ab, überfliegt die Liste der Repräsentationsgeschenke, die er nicht als sein königliches Eigentum betrachtet und deshalb gerne übergeben will – ist ja gewaltiger Kitsch darunter, gut, daß er den bald los wird. Er pustet dort noch ein Stäubchen vom Schrank, rückt hier einen Stuhl zurecht und sagt sich, daß das mit dem Kaiser sowieso kein guter Einfall gewesen wäre, denn der Kaiser hätte bloß wieder auf das Rote Königreich geschimpft und versucht, ihm die Schuld in die Schuhe zu schieben. Eins hätte er ihn zwar noch ganz gerne gefragt: Ob der Lenin damals 1917, als er im geschlossenen Eisenbahnwaggon durch Deutschland nach Petersburg geschleust wurde, auch über sächsisches Territorium gefahren ist?

Aber nun ist ja sowieso alles zu spät. Soll der Kaiser doch gefälligst nach Holland fahren und Holz hacken, denkt er, da macht er wenigstens mal das, was er kann! Ich jedenfalls fahre heute abend nach Moritzburg. Wenn kein Auto mehr aufzutreiben ist, dann nehme ich eben die Bimmel. Daß die nicht fährt, hält er für ausgeschlossen. Es ist ja Revolution und kein Weltuntergang in Sachsen!

Die Bimmel ist also nicht das Problem, das Problem ist, daß keiner kommt, der ihm die Staatsgewalt abnimmt. Eine ordentliche Übergabe möchte doch wohl sein. Zu einer ordentlichen Übergabe gehört aber auch Pünktlichkeit. Wie hat er immer zu seinen Kindern gesagt? »Wenner nich binktlich seid, därfter nich Geenich wärn!« Was soll nur aus dem Volk werden, wenn die Pünktlichkeit in Sachsen abhanden kommt!

Ans Volk soll die Staatsgewalt übergeben werden, so so, na gut – aber alle passen nicht hier rein. Da wird wohl nur eine Abordnung kommen. Das kann ja demnächst ewig dauern, wenn die ganze Demokratie hier vollständig einmarschiert.

Der 9. November hat es sowieso in sich, sinniert er weiter, am 9. November 1848 wurde Robert Blum erschossen, heute wird das Königreich Sachsen abgeschafft, wer weiß, was sie sich am 9. November 1989 wieder einfallen lassen ... Hilft nun alles nichts, denkt er sich, setzt sich hin und wartet und macht, was bleibt ihm sonst noch groß zu tun, ein kurzes Nickerchen.

Die Vorboten der Demokratie, richtig gewählt sind sie ja noch nicht, nur eben so mal provisorisch, kommen aber nicht einmarschiert, sie kommen auf leisen Sohlen dahergeschlichen. Nicht aus Angst, sie schleichen aus Pietät oder weil sie das schöne Parkett nicht zertrampeln wollen. Einige haben deswegen sogar ihre Dreckschuhe ausgezogen. Und sie schleichen natürlich auch, weil sie sich nicht auskennen und nicht unvermittelt ins königliche Schlaf- oder Badezimmer plautzen wollen.

König Friedrich August III. hat sie aber trotzdem gehört. »Huhu! Hier bin ich«, ruft er, »hier gehts lang, da drüben, wo Sie jetzt langtapsen, da gehen Sie womöglich unnötig in die Irre!«

Die Schritte kommen näher, und einer klopft zögerlich an die Türfüllung – aber die Tür ist ja weit offen.

»Kommse nur näher, ich bin schon eine ganze Weile auf Sie eingerichtet«, sagt der König und erhebt sich von seinem Schlummerstühlchen. »Habe nur schnell ein kleines Nickerchen gemacht, Sie ham mich ja tüchtig warten lassen.«

Er mustert die kleine Truppe: Uniformen ohne Rangabzeichen und Gehröcke mit roten Armbinden. Sie geben sich große Mühe, revolutionär auszusehen. Einer hat sogar einen Verband um den Kopf und ein Gewehr um die Schultern gebammelt.

»Na, Sie werden sich doch nicht gerade vor mir fürchten?« meint der König, und der Waffenträger beeilt sich abzuwiegeln. »Nein, nein, das ist nicht wegen Ihnen, das ist nur jetzt wegen der Revolution!« Er nimmt das Gewehr von der Schulter und stellt es in den Schirmständer.

»Naja, da wolln wir es kurz machen, Sie ham ja heute schließlich noch mehr vor, denke ich. Also, ich bin der König …« Hier stockt der König, denn er weiß nicht genau, ob er noch König ist oder nicht. »Also bis dato war ich es jedenfalls. Ich habe alles zur Übergabe vorbereitet, und nun machen Sie mal weiter, ich weiß nämlich, ehrlich gesagt, nicht ganz genau, wie so was für gewöhnlich geht.«

Die revolutionären Herren tuscheln kurz miteinander, denn sie wissen so was auch nicht ganz genau. Sie machen heute zum ersten Mal Revolution. Endlich tritt einer vor. »Ich heiße Fleißner, und wir wolln das nicht so förmlich halten. Wir übernehmen hier erst mal provisorisch alles, wie es liegt und steht und ... Also, wenn Sie Wert darauf legen, dann unterschreibe ich Ihnen auch noch eine Quittung oder einen Beleg, nicht wahr ...«

Der König winkt ab.

»Nein, nein Majestät, äh ...«, er unterbricht sich, denn der König ist ja kein König mehr, da kann man ihn auch nicht mit Majestät anreden. Und wie redet man ihn dann an? Mit dem Familiennamen, wie jeden anderen guten Sachsen auch. Er verbessert sich also: »Lieber Herr Wettiner, Sie müssen ja auch abgesichert sein, für alle Fälle. Es muß schon alles seine Ordnung haben bei uns, auch in wirren Zeiten.« Herr Fleißner sucht auf dem Schreibtisch einen Zettel, findet aber nur den mit der Mitteilung an Kaiser Wilhelm.

Hoffentlich liest er den nicht, denkt sich Herr Wettiner. Versehentlich gelesene Zettel können ja gerade an einem 9. November die unglaublichsten Dinge auslösen, nicht wahr, liebe/r Löser/in, wie uns 71 Jahre später ein gewisser Herr Schabowsky in Berlin lebhaft bestätigen wird.

Doch die Revolution respektiert das Briefgeheimnis. Herr Fleißner dreht den Zettel um und beschreibt die Rückseite. »So, da hamse eine Bescheinigung, und damit geht jetzt alles seinen geregelten Gang! Stempel ham wir leider noch nicht.«

Herr Wettiner nimmt den Zettel und bleibt unschlüssig stehen. »Das wars dann wohl, oder is noch was?« fragt er.

»Neenee, das müßte es wohl gewesen sein.«

»Also, ihr braucht mich hier nicht noch für irgendwas?«

»Eigentlich nicht! Die förmliche Abdankung und die Entlassung der Beamten könnse uns dann bei passender Gelegenheit mit der Post zuschicken![62]«

62 Was er dann auch gleich darauf am 13. November 1918 gewissenhaft von Schloß Gutenborn aus erledigte.

»Na, dann macht eiern Dreck alleene![63]«

Das wars gewesen. Der sächsische Fürstenzug ist zur letzten Reise abgefahren, und er, der letzte regierende Fürst, hat den Aufsprung nicht einmal mehr geschafft. Wohin fährt er jetzt, aufs Abstellgleis, auf den Verschiebebahnhof? Ist auch besser so, die Wand am Langen Gang des Stallhofes ist sowieso bald voll …

Die sächsischen Herrscher, denkt er sich, könnte man in zwei Sorten einteilen: Welche, die hoch hinauswollten und dann auf die Schnauze gefallen sind, und welche, die den Rest übernommen und was draus gemacht haben. Ich wollte nicht hoch hinaus und bin trotzdem auf die Schnauze geflogen. »Providentiae memor!« murmelt er vor sich hin, denn das ist der Wahlspruch des Königshauses. Und so ein Wahlspruch muß schon ab und zu mal gesprochen werden in solchen Schicksalszeiten, dazu ist er ja angeschafft worden, der Spruch – da hat man gar keine andere Wahl! Eigentlich heißt er soviel wie Eingedenk des Schicksals, aber das ist ein bißchen schwülstig. Macht eiern Dreck alleene ist eine ganz gute, wenn auch sehr freie Übersetzung!

Was wird das Schicksal von mir übriglassen? Ein Anekdotenbüchlein? Waren wirklich lustige Stückchen dabei. Wie er sich einmal in Königsbrück von einem Landbarbier hat rasieren lassen. Der Gute zitterte vor Aufregung am ganzen Leibe, denn er hatte Angst, Seine Majestät in die Backe zu schneiden.

August bemerkt die zitternde Hand und scherzt verständnisvoll: »Das kommt vom vielen Saufen!«

»Jaja«, entgegnet der Barbier, »das macht de Haut so schbreede!«

Oder: wie das neulich losging, mit der Revolution, da meldete ihm ein Kammerherr, daß man in Chemnitz eine rote Fahne gehißt hätte.

63 Den Satz soll er zwar an anderer Stelle gesagt haben, aber der ist so schön, den kann man gar nicht oft genug hören!

Warum, hat er gefragt, und was das zu bedeuten hätte?

Die Republik wäre ausgerufen worden, und auch in Dresden würde schon ein Ersatzbataillon mit roten Fahnen über die Elbbrücken marschieren …

Was hat er da gleich geantwortet: »Ja derfen die denn das?«

Oder: wie er einmal in Chemnitz …

Aber August kann in dieser Situation keine Anekdoten erzählen.[64] Hier und heute geht es nicht um Geschichtchen, es geht um die große Geschichte. Es geht um Sachsen! Was wird daraus? Wer kriegt jetzt eigentlich den Rest von Sachsen, und vor allem, wer macht was draus?

Na, mir kanns jedenfalls egal sein, denkt er und will auf und davon. Aber dann übermannt ihn doch die Neugier. Die nächste Bahn fährt ja erst viertel.

»Nu hier«, sagt er deshalb, »es geht mich zwar nichts mehr an, aber wie geht denn das jetzt weiter?«

Herr Fleißner weiß es auch nicht so genau, er bleibt aber ruhig und höflich: »Von Rechts wegen müßten wir hier irgendwo die Republik ausrufen. Einen entsprechenden Balkon haben Sie wohl nicht zufällig?«

»Freilich«, sagt der abgesetzte König, »Balkönge ham wir noch und noch, nur, da ist jetzt niemand zugange. Und bei einer Republik müßten doch unter dem Balkon paar Leute stehen, das ist doch sozusagen der Sinn der Sache.«

»Da hamse natürlich völlig recht, Herr Wettiner. Daß wir da nicht selbst drauf gekommen sind! Nur, da können wir das heute nicht mehr erledigen, die meisten sind ja längst schon heim!«

»Na, da machmers doch morgen!« rufen einige, die auch gerne nach Hause wollen.

64 Wer mehr davon hören will, kann bei dem Leipziger Schriftsteller Hans Reimann nachschlagen, der hat alle gesammelt!

»Gut, machmers eben morgen, wir müssen es ja nicht überstürzen«, verkündet Herr Fleißner offiziell, »wenn ich nur wüßte, wo!« Er blickt verzweifelt von einem zum andern und bleibt dann schließlich am abgesetzten König hängen. »Sie sind vielleicht fein raus, Sie müssen sich um nischt mehr kümmern! Können Sie uns nicht vielleicht einen kleinen Tip geben?«

Friedrich August nickt, irgendwie tun ihm die Leute leid. »Na, machen Sies doch drüben im Zirkus Sarasani! Da gehen die Leute immer gerne nein!«

Fleißner atmet auf und blickt dankbar zum König. »So machen wirs«, verkündet er feierlich, »morgen am 10. November wird bei uns in Sachsen die Republik ausgerufen, und zwar im Zirkus!«

Ja, liebe/r Löser/in, so war das eben damals. Die sächsische Republik, der ganze sächsische Freistaat, stammt aus dem Zirkus. Das erklärt vieles, was sich in den nächsten Jahren und auch noch heute, nach der Wiedergeburt des Freistaates, bei uns in Sachsen so abspielt.

Der letzte Ausspruch des Königs, *Macht eiern Dreck alleene*, ist in den Zeiten der Weimarer Republik und während des Mutschmännischen[65] Reiches ziemlich falsch interpretiert worden. Der König hat nicht gesagt, daß jetzt nur noch Dreck gemacht werden soll. Leider führt mit Inflation, Wirtschaftskrise[66], Machtübernahme, Gleichschaltung und Weltkrieg eine dicke Schmuddelspur direkt bis hin zu dem Tag, an dem Dresden in Schutt und Asche gelegt werden wird, so daß den Sachsen nichts

65 Am 5. Mai 1933 wird ein gewisser Martin Mutschmann NSDAP-Reichsstatthalter in Sachsen; und am 30. Januar 1934 gibt der Freistaat Sachsen, staatsrechtlich gesehen, seinen Löffel ab.

66 Was natürlich alles relativ ist, denn im November 1931 waren 11,8 Prozent in Sachsen arbeitslos, während es im November 1994 um die 15 Prozent waren.

weiter zu sagen bleibt als: *So, da ham wir schon wieder den traurigen Rest. Mal sehen, was man noch draus machen kann!*

18. LEHRE AUS DER GESCHICHTE:

Es kommt in der Geschichte halt öfter mal andersrum, wohl dem, der gerne immer wieder von vorne anfängt.

*Im April und Mai 1945 rücken mal amerikanische und
mal sowjetische Truppen in das schwer zerstörte Sachsen
ein. Den Amerikanern gefällt Bayern besser, sie ziehen deshalb wieder ab. Die Rote Armee rückt nach und entschließt
sich, noch einige Jährchen zu bleiben.*

19. Kapitel

oder
Zwischen Netzschkau und Moskau
oder Das dünne Ende eines zwölfjährigen Kapitels

Sie können jetzt nicht weg, lieber Herr Löser, denn es
geht langsam aufs Ende zu. Und es geht dabei um das
Schicksal Sachsens! Katastrophen und Zusammenbrüche
kündigen sich an. Es geht aber auch um einen neuen
Anfang, und da will ich Sie in entscheidender Stunde fest
an meiner Seite wissen!

Nein, Fernsehen, das gibt es jetzt auf keinen Fall …
Ach so, Dynamo Dresden spielt. Das ist etwas anderes.
Fußball ist in Sachsen eine Macht, auch wenn wir zur Zeit
keine eigene Bundesligamannschaft stellen. Das hat jedoch auch historische Gründe. Sie haben es ja selbst mit-
erlebt, mein lieber Löser! Wir standen zur Leipziger
Völkerschlacht auf der Verliererseite, und deshalb hat uns
der Wiener Kongreß zur Ader gelassen. Wenn wir das
Gebiet um Cottbus noch unser eigen nennen dürften,
hätten wir auch eine eigene Bundesligamannschaft. Na,
dann gehen Sie schon, Herr Löser, wir teilen uns in die
Katastrophen. Ich beobachte die von 1945, und Sie sagen
mir nachher, wie Dresden gespielt hat.

Der späte April 1945 findet mich in der vogtländischen[67]
Kleinstadt Netzschkau wieder. Paul Neumann oder *dor*

67 Da ich dem südlichsten Zipfel Sachsens sehr verbunden
bin, freue ich mich, ihm in diesem Kapitel Erwähnung zu tun.

Neumanns Paul, wie man dort sagt, ist verantwortlicher Blockwart und schwerhörig. Da er keinen Block zu warten hat, sondern nur ein einziges Haus, sagt man zu ihm nur Hauswart, was er sich aber verbittet, und alle Leute, die ihn so nennen, zeigt er bei der Gestapo an. Seine Schwerhörigkeit und seine unabkömmliche Stelle als Blockwart haben ihn vorm Volkssturm bewahrt. Deshalb gebärdet er sich wie der letzte Blockwart und achtet streng auf Feindpropaganda und Luftschutz. Da er die Luft sowieso nicht schützen kann, weil er ja weder Sirenen noch Flugzeuge hört, kontrolliert er hauptsächlich die Verdunkelung. Gut hören kann er zwar schlecht, aber schlecht sehen kann er noch gut. Auf die Verdunklung zu achten ist nicht besonders schwer, da ja ohnehin ständig Stromsperre herrscht. Wenn die amerikanischen und englischen Flieger über Plauen oder Zwickau ihre Bombenlast abwerfen, glüht der Himmel über dem Vogtland rot auf. Die Leute verkriechen sich in die Keller und machen vor Angst sowieso kein Licht! Dann ist der Neumanns Paul richtig zufrieden. Er hockt im leeren und finsteren Kartoffelkeller, gibt sich der Bombenstimmung hin und denkt an den Endsieg.

Heute hockt er nicht im Keller, heute wartet er in der guten Stube auf den Endsieg, denn es ist kein Fliegeralarm angekündigt. Es ist übrigens schon einige Tage ziemlich ruhig. Sollte das mit dem Endsieg zusammenhängen? Man hört so wenig!

Seine Frau, die Neumanns Milda, hockt in der Ecke

Leider, das muß ich hier selbstkritisch eingestehen, ist es mir bisher kaum gelungen, die Verdienste der Vogtländer in der sächsischen Geschichte zu würdigen. Sie haben uns große Männer und den vogtländischen Kloß gegeben. Und hätten sie nur letzteren in die sächsische Geschichte gebracht, es hätte zu historischer Unsterblichkeit gereicht!

Das Rezept für Vogtländische Klöße ist am Ende des Buches zu finden.

und trennt mit der kleinen Schere ganz vorsichtig Stoff-
fetzen los. Das ist eine Vorsichtsmaßnahme, von der der
Paul nichts merken darf. Sie leben seit dreißig Jahren zusammen, aber Milda redet nicht mehr mit ihm. Hätte
auch keinen Zweck, er würde ja doch nichts hören.

Neumanns Paul dagegen redet viel, ewig und tausend
Jahre vom Endsieg. Er wird aber jäh unterbrochen, denn
die Tür geht auf, und ein amerikanischer Offizier steht
auf der Schwelle. Er hat eine Pistole in der Hand. Milda
kann gerade noch so das Hakenkreuz, das sie von der
Fahne abgetrennt hat, unter der Schürze verschwinden
lassen. Der Neumanns Paul hebt die Hände über den
Kopf, denn so viel weiß er von militärischen Dingen, daß
man manchmal in historischen Entscheidungsschlachten
gut beraten ist, die Hände rechtzeitig über dem Kopf zu-
sammenzuschlagen.

Der Major, denn ein solcher ist er, mustert eine Weile
die beiden Alten, und dann, von ihrer Harmlosigkeit
überzeugt, leistet er sich ein Lächeln.

»How do you do?« sagt er.

Neumanns Paul fährt herum: »Nein, gehaue ham mir
fei net! Wir warn auch net dabei! Wir wissen fei nichts
und ham auch nichts gehört. Gelle Milda?«

Milda nickt, und der amerikanische Offizier, der
eigentlich Zwicker heißt und ein zurückgekommener,
deutscher vertriebener Jude aus Plauen ist (Bankhaus
Zwicker in der Albertstraße), sagt über die Schulter zu
seinen Leuten: »Hier ist nichts mehr zu machen. Wir
kommen wieder zu spät. Die Entnazifizierung hat schon
stattgefunden …«

Ja, liebe/r Löser/in, da sind Sie ja wieder, Sie haben es
aber nicht lange bei Dynamo Dresden ausgehalten. Beim
0:1 haben Sie abgedreht? Na, dann schauen wir uns das
0:2 mal bei mir an! Also nicht direkt hier bei mir, sondern in der Rückschau und in Moskau! Ja, es handelt sich

um einen ziemlich alten Schinken aus der historischen Rumpelkammer!

Auch in Moskau ist es gerade April, und das sogar immer zwei Stunden früher als in Sachsen. Dort steht Walter Ulbricht gerade im Hotelzimmer vor den gepackten Koffern. Er wartet auf den Reisebefehl von Josef Wissarjonowitsch. Lotte hat irgendwoher eine Schweizer Zeitung aufgetrieben. Sie blättert darin herum. Sie interessiert sich sehr für die Schweiz. Lenin soll ja schließlich auch in der Schweiz gewesen sein. Sie will gerne mal in die Schweiz. Und wenn das nicht gleich klappt, dann wird sie sich wenigstens ein Schweizer Bankkonto einrichten, das ist ganz sicher. Wenn sich das jetzt alles so entwickelt wie geplant, dann wird sie sogar eines schönen Tages nicht nur ein Schweizer Bankkonto haben, sondern sogar geblümelte Hosen tragen, das hat sie sich auch ganz fest vorgenommen. Die sind nämlich ungeheuer schick! Von geblümelten Hosen hat sie ein Leben lang geträumt.

»Lotte!« sagt Walter Ulbricht und hebt die Stimme, was ziemlich schwer zu schaffen ist, denn seine Stimme ist schon ganz schön weit oben. Er schafft aber noch eine zusätzliche kleine Terz. »Josef Wissarjonowitsch hat uns einen Funkspruch geschickt, ja, es geht los. Wir fahren zurück nach Deutschland.«

Da freut sich die Lotte, denn Deutschland liegt im Westen und ziemlich nahe an der Schweiz.

»Zuerst geht es allerdings nach Ostdeutschland, ja, und dort legen wir dann richtig los.«

Naja, sie wollte eigentlich weiter nach dem Westen, aber Ostdeutschland ist für den Anfang gar nicht so schlecht, da gibt es wenigstens schon eine Sächsische Schweiz.

»Und dort baust du dann den Marxismus auf?« fragt sie, denn sie will eine kluge und weitsichtige Lebensgefährtin sein.

»Nein, wir errichten dort die Arbeiter-und-Bauern-Macht, ja, und dann …«

»Dann baust du den Marxismus auf?«

»Nein, noch nicht, erst müssen wir den Sozialismus erledigen, ja!«

»Wie lange wird denn so was dauern?« fragt sie, denn sie hat noch einiges vor im Leben.

»Nun, ein, zwei Fünfjahrpläne, ja, werden ins Land streichen!«

Na, das geht, denkt sie. »Wird unser Sozialismus auch so schön wie der vom Josef Wissarjonowitsch?«

»Noch viel schöner, ja«, jetzt senkt er die Stimme wieder, denn er hat in Moskau viel dazugelernt, »nur, das dürfen wir nicht so laut sagen, ja. Offiziell muß dem Josef Wissarjonowitsch seiner immer der schönste sein, das ist unverrückbar und historisch begründet!« Jetzt wird er wieder laut: »Am schönsten wird es aber nach dem Sozialismus, dann bauen wir den …«

»Marxismus auf!« sagt Lotte auf, denn sie will zeigen, daß sie nicht umsonst in Moskau war und auch bei allen Schulungen gut aufgepaßt hat.

»Nein, ja«, belehrt sie Walter eines Besseren, »den Kommunismus natürlich nicht. Der muß nicht mehr aufgebaut werden, denn der Sozialismus geht nach ein, zwei weiteren Fünfjahrplänen sowieso ganz automatisch in den Kommunismus über, ja!«

»Ganz automatisch?«

»So automatisch zum Beispiel, wie Wasser bei hundert Grad kocht, ja.« Walter freut sich über seinen sehr gelungenen wissenschaftlichen Vergleich. Eine wissenschaftlich fundierte Weltanschauung zahlt sich eben aus.

Lotte wiederholt: »Also, wenn der Sozialismus richtig kocht, ist es Kommunismus? … Aber was ist mit dem Marxismus?«

Walter schaut sie verständnislos an.

»Nun, ich meine«, wiederholt Lotte, »wann und wo wird der aufgebaut, und was wird mit dem Marx?«

»Ach so, ja«, Walter versteht, »den Marx kriegen wir auch noch in den Griff. Der bekommt in Chemnitz einen großen Kopf und eine ganze Stadt, ja. Also die ganze Stadt bekommt seinen Namen: Karl-Marx-Stadt, ja!«

»Warum bekommt gerade Chemnitz den Namen von Marx?« Lotte überlegt laut. »War denn Marx jemals in Chemnitz? Der war doch immer in der Schweiz.«

»Nein, Marx war nicht in Chemnitz, ja, aber das spielt keine Rolle. Wir gründen einfach eine Akademie der Wissenschaften, die forscht dann eben so lange, bis er in Chemnitz gewesen ist. Marx war eigentlich in England, ja.«

Lotte denkt nach und seufzt. Marx war in England, soso. Alle sind sie irgendwo, Lenin in der Schweiz, Marx in England. Nur sie, sie sitzt noch immer in Moskau in diesem verwanzten Hotelzimmer und hofft von Stromsperre zu Stromsperre, bald wegzukommen. Na, wenigstens gehts jetzt in Richtung Deutschland. Aber, sie schreckt aus ihren Überlegungen. »Wenn du dort den Kommunismus aufbaust und Chef wirst, werden die denn alle mitmachen? So, wie du aussiehst, und bei dem Dialekt? Das wäre ja ein Wunder.«

Ulbricht lacht: »Das ist ja gerade mein Trick. Alle Sachsen werden jetzt denken, der Ulbricht, das ist einer von uns, ja! Der spricht sogar unsern Dialekt! Endlich bestimmt mal ein Sachse über die Preußen und sagt denen, wie es zu gehen hat! Die Widersprüche zwischen Sachsen und Preußen werden auf eine historisch höhere Ebene gestellt, indem wir Sachsen und Preußen einfach in einen Topf schmeißen und auflösen. Länder, die nicht mehr bestehen, können sich auch nicht bekämpfen, ja. Das ist eine sehr kluge dialektische Lösung eines alten Widerspruchs!«

»Was werden aber die Sachsen und Preußen dazu sagen?«

»Die werden einfach nicht gefragt, und wenn sie doch gefragt werden müssen, dann werden sie bestimmt mit 99,97 Prozent ja sagen, ja! Außerdem, hat Genosse Josef Wissarjonowitsch gesagt, bleibt denen gar nichts weiter übrig, die sind so am Boden nach dem Krieg. Die können vor Hunger nicht Brot sagen! Die müssen jetzt nehmen, was sie kriegen, ja. Und nun kriegen sie eben mich! Und für alle, die nicht freiwillig mitmachen wollen, gründen wir eben so eine wachsame tschekistische Vereinigung, wie sie unser Genosse Josef Wissarjonowitsch schon lange hat!«

Lotte guckt skeptisch.

»Und wenn alle Stränge reißen, dann bauen wir eben noch eine große Mauer rund um den Sozialismus, ja!« Er lacht gellend, denn er glaubt, er hätte soeben einen guten Witz gemacht.

Lotte sagt nichts. Wenn er eine Mauer baut, dann hoffentlich eine mit Hintertürchen, sonst ist der Zugang zur Schweiz versperrt.

»Aber schließlich, ja«, sagt Walter Ulbricht und beendet entschlossen die innerfamiliäre Auseinandersetzung, »ist das alles eine ganz theoretische Diskussion, und deine Bedenken sind völlig aus der Luft gegriffen. Ich bin schließlich ein attraktiver Genosse, du wirst sehen, auf mich fliegen alle aufrechten Deutschen! Fescher Bart, sympathische Erscheinung, ja.« Er senkt noch einmal die Stimme und sagt ganz zärtlich: »Weißt du, ich habe schon überlegt, ob ich mir nicht auch so eine weiße Jacke zulegen sollte wie der Genosse Josef Wissarjonowitsch, ja, und vielleicht auch so eine Pfeife?«

Das mit der weißen Weste wird schwierig, aber diese Pfeife von Josef Wissarjonowitsch … denkt Lotte und schrickt gleich darauf zusammen, denn sie hat den Satz nicht zu Ende gedacht. Unbeendete Sätze können in Moskau sehr gefährlich werden. Sie beendet deshalb den Satz laut: »Diese Pfeife von Josef Wissarjonowitsch wird dir sicher gut stehen, Walter!«

Aber ganz, ganz leise denkt sie: Vermutlich werden sie Witze über ihn reißen und Spitzbart zu ihm sagen. Sie seufzt, und die geblümelten Hosen rutschen ihr wieder in weite, weite Ferne …

19. LEHRE AUS DER GESCHICHTE:

Man muß sich immer rechtzeitig an seine Vergeßlichkeit erinnern, und: Es ist nicht gut, sich nur nach anderen Pfeifen zu richten.

Der 1934 aufgelöste Freistaat Sachsen hält sich 1949 für ein deutsches demokratisches Land. Um Berlin das Regieren leichter zu machen, wird Sachsen 1952 aber erneut aufgeteilt, diesmal in drei Bezirke.

20. Kapitel

oder
Die kurze, aber nicht kurzweilige Geschichte eines Staatsvolkes
oder Wie ein Volk dem Staate folgsam folgte
und die rätselhaften Folgen

Während man nach dem letzten Kapitel noch sagen konnte: *Alles waltere erulbricht sich*, kommen wir jetzt in eine Zeit, da sagte man im Lande: *Erich währt am längsten, und Stoph bleibt Stoph!*

Über den Sozialismus in Sachsen ist viel geschrieben worden. Den sozialistischen Realismus aber hat keiner so beherrscht wie der berühmte Erzgebirgsdichter Arthur Schramm:

Der Kumpel aus der Kohle kriecht.
Glück auf! Der Sozialismus siecht!

Dem ist wenig entgegenzusetzen. Daß der Sozialismus dann doch nicht gesiegt hat, das kann man Arthur Schramm und all den vielen anderen arbeitsamen Sachsen nicht anlasten.

Aber der Sozialismus ist ja nicht Hauptgegenstand unserer Betrachtungen, uns interessiert mehr, wie es Sachsen ergangen ist. Offiziell gibt es Sachsen ja nicht mehr, es ist eingegangen in den Staatsverbund der DDR, aber gesächselt wird noch immer auf Bezirksebene und im DDR-Maßstab! Vielleicht gibt es Sachsen doch noch? Wer hilft uns bei der Klärung dieser Frage? Die Partei! Natürlich, die Partei hat ja immer recht!

Kommen Sie also mit, liebe Lösers, auf eine Delegiertenkonferenz. Ob es sich dabei jedoch um eine solche der Partei, der Gewerkschaft oder des Jugendverbandes handelt, kann ich Ihnen nicht sagen. Die Unterschiede sind gering. – Aber jetzt müssen wir verstummen, die Veranstaltung hat längst begonnen …

Auf der mit Transparenten und Fahnen geschmückten Bühne steht ein schier endloser Präsidiumstisch. Die Farben rot und grau dominieren, weiß und grün sind selten.

Genosse Blühmert gibt den Versammlungsleiter. Er hat sich an ein Rednerpult geklammert und versucht frei zu sprechen: »Liebe Genossen und Genossen, ehe ich dem Genossen Matzke von der Kreisleitung das Wort zum Schlußwort erteile, möchte ich euch noch einmal Gelegenheit geben, zu eventuell aufgetretenen Fragen, Widersprüchen oder Problemen Stellung zu nehmen …«

Die übliche Pause entsteht. Genosse Blühmert läßt sein kampferprobtes Auge schweifen und entdeckt einen einsamen Arm, der aus einem Frauenanteil herausragt. Der Frauenanteil heißt Genossin Liebetreu und ist vorbereitet. »Ja, Genossin Liebetreu, komm doch bitte nach vorn!«

Die Genossin Liebetreu klettert auf die Bühne und zwängt sich hinters Rednerpult. Sie breitet umständlich ihren Zettel aus. Die Anwesenden gucken verstohlen auf ihre Uhren. Endlich hat Genossin Liebetreu den Zettel gebändigt. »Liebe Genossen und Genossen! Unser Genosse Rudi Matzke von der Kreisleitung hat heute, wie ich von meiner Warte aus sagen darf, einen wichtigen Beitrag zur Klärung bedeutsamer ideologischer Probleme gegeben. Dafür möchte ich mich im Namen der Brigade 7. Oktober herzlich bedanken. Wir werden die wertvollen Anregungen auch tief hinein in die Kreise der parteilosen Mitarbeiter und Blockfreunde tragen. Du hast uns aus dem Herzen gesprochen, indem du Klarheit verbreitet hast, daß die Frage der regionalen Zugehörigkeit in der Etage, nee -poche, nee -tappe der entwickel-

ten sozialistischen Gesellschaft eine eminent bedeu-
tungslose ist. Denn so sehen wir das im Prinzip auch.«

Genossin Liebetreu faltet ihren Zettel wieder zusammen. Daran erkennen wir, liebe/r Löser/in, die wir ja
auch gewiefte Versammlungsteilnehmer waren, daß der
Beitrag beendet ist. Spärlicher Beifall klappert durch die
Reihen.

Genosse Blühmert übernimmt wieder das Kommando
und drängt nun in die Schlußphase der Begegnung.
»Najaa, also wenn es keine weiteren Fragen mehr gibt,
dann …« Jetzt hat er doch noch eine erhobene Hand
entdeckt. Ungeplant. Er weiß nicht genau, ob er sich
nun freuen oder ärgern soll. Freuen über den zusätz-
lichen Diskussionsbeitrag oder ärgern, weil der nicht mit
ihm abgesprochen wurde. »Was issn Genosse Bäzold?«

Ein kleiner rundlicher Zausel erhebt sich von seinem
Platz, macht aber keine Anstalten ans Rednerpult zu gehen. Er spricht vom Platz aus. Einen spontanen Diskussionsbeitrag nennt man das!

»Also die Genossen der Parteigruppe Abriß/2b ham
mich beauftragt, dem Genossen Matzke eine Frage zu
stellen.«

»Naja, wenns sein muß!« Der Versammlungsleiter
nickt dem Genossen Matzke entschuldigend zu.

»Gibt es nu Sachsen noch oder nicht?«

Der Versammlungsleiter hatte eine längere Frage erwartet und ist nun doch ein wenig erleichtert, die Schluß-
kurve eher zu kriegen als befürchtet. Sein Bus fährt in
fünfzehn Minuten. »Danke, Genosse Bäzold«, sagt er
schlicht. »Gibt es sonst noch Anregungen, Hinweise,
Bemerkungen? … Dann wolln wir uns nicht länger in die
Länge ziehen, und ich darf den Genossen Rudi Matzke
bitten … Gelle Rudi, du sagst doch noch bissel was zu
der offgetretenen Frage?«

Rudi Matzke nickt, steht auf und tritt ans Pult, entschlossen, unerschrocken und aufrecht. »Genossen!«

sagt er und macht dann erst einmal eine lange spannungsreiche Pause, denn er ist schließlich Schlußwortspezialist und weiß, wie man auf Höhepunkte zusteuert. »Jetzt mal unter uns und ohne rhetorischen Schnickschnack. Was ich euch jetzt sage, das bleibt mal hier im Raume. Die Frage, ob es Sachsen noch gibt, die ist offiziell ausgestanden. 1952 hat unser Arbeiter-und-Bauern-Staat den Freistaat Sachsen liquidiert. Das kann man nachlesen. Die Partei hat dazu Materialien erarbeitet.«

Genosse Matzke legt wieder eine Pause ein und greift dann zu einem persönlicheren Tonfall. »Auf der anderen Seite: Machen wir uns doch nischt vor. Ein gewisses Maß an überkommenen, kleinbürgerlichen Verhaltensweisen steckt doch in jedem von uns. Warum soll da nich ooch noch irgendwo so e kleener Sachse in uns rumrumoren! Das ist doch normal! Das haut uns nicht um. Aber offiziell gehn wir natürlich davon aus, daß wir in den Staatsverband der DDR eingegangen sind. Und ist es denn nicht ein stolzes Gefühl, wenn unsere Bauarbeiter die Hauptstadt errichten! Und wenn unsere Zollbeamten und Grenzsoldaten oben in Berlin die Staatsgrenze sichern, damit unseren Bauarbeitern da oben nischt passiert! Na also! Uns gibt es zwar nicht, aber um das dialektisch auzudrücken: Dadurch, daß es uns nicht gibt, machen wir die DDR erst möglich …«

Jetzt müßte der Schlußbeifall aufbranden, aber den sparen wir uns. Wir haben genug gehört.

Wir Sachsen sind oft das Staatsvolk der DDR genannt worden. Dagegen kann sich der Sachse nicht wehren, denn rein zahlenmäßig stellte er ja ein reiches Drittel des armen Drittels des verbliebenen Reiches. Gegen die Geschichte der DDR kann er sich weder verwahren noch verwehren, er kennt sie ja noch nicht. Das heißt, er kennt sie schon als eine Fülle von Geschichten und Schicksalen, von Erlebnissen und Erinnerungen. Er kennt sie als seine eigene Geschichte. Nicht wahr, liebe/r Löser/in, so ist es doch? Es liegt mir auch fern, Ihnen etwas, was Sie erlebt haben, so hinzubiegen, als hätte ich es erlebt. Sie kennen Ihre und ich kenne meine Geschichte, und an einigen Punkten kommen wir uns sehr nahe, stimmen vielleicht sogar überein, an anderen Stellen sind und bleiben wir uns gegenseitig noch lange ein Rätsel.

Nun, es war keine gute Geschichte, aber so schlecht, daß sie nicht gut genug gewesen wäre, uns Auskunft über uns zu geben, war sie wiederum auch nicht.

Völkerschaften, die sehr eng aufeinander wohnen, neigen zum Drängen, und historische Wendungen, die zu dicht aufeinanderfolgen, geben Anlaß zum Verdrängen. Doch was verdrängt ist, ist weg und bleibt uns womöglich für ewig ein Rätsel. Deshalb habe ich für Sie, liebe/r Löser/in, an dieser Stelle fast verdrängte Erinnerungen an einen Staat, mit dem kaum viel Staat zu machen war, als Rätsel[68] geschickt versteckt. Nun, wie finden Sie das? Sie lösen doch gerne Kreuzworträtsel? Oder sollte ich mich in Ihnen getäuscht haben? Nein, sicher nicht! Wie könnte ich denn, Sie heißen ja schließlich nicht umsonst Löser!

20. LEHRE AUS DER GESCHICHTE:

Die jüngere Geschichte ist manchmal viel rätselhafter als die alte.

68 Ja, wo das Rätsel nun steckt, das müssen Sie selbst finden. Ein wenig Mühe muß schon sein bei einem verdrängten Rätsel!

Kreutzwortzrätzel[69]

1. Staatliche Auszeichnung, die regelmäßig jedem Werktätigen verliehen wurde, der nicht ein absolut fauler Hund war
2. Gewirktes Material aus Limbach-Oberfrohna
3. Jahresendliche Zusatzvergütung
4. Blockflötenpartei, die nach der Wende nicht ab-, sondern von der F.D.P. eingewickelt wurde
5. Über viele Jahre zusammen mit Flora der beste Freund des LPG-Bauern
6. Kurzbezeichnung für Einheiz-Partei
7. Lieblingskleiderladen des DDR-Bürgers
8. Volkstümliche Kurzbezeichnung für Runde Ecke
9. Hauptfeind der Deutschen Reichsbahn
10. Als Verbrauchergewohnheit verpönt, aber im Dorfe der einzige Ort, wo man sein Bier auf der Treppe trinken konnte
11. Lieblings-Fußballmannschaft von Erich Mielke
12. Sozialistische Handelsorganisation
13. Bringt Brot, Wohlstand und Schönheit
14. Steht angeblich im Mittelpunkt, stand da aber häufig im Wege
15. Schieß- und Motorradverein
16. Traum-, Lebens- und Ferienziel des DDR-Bürgers nach sowjetischem Vorbild
17. Einziges deutsches Meer, das für den Sachsen im Sommer nicht zugefroren war
18. Hähnchen in FKK-Kleidung
19. Heiligstes Gesetz und oberste Richtlinie in der Wirtschaft. Wurde stets pünktlich am 33. oder 34. Dezember erfüllt
20. Vernünftige Einrichtung, die deshalb in der Neuzeit abgeschafft wurde. Opfer des grünen Punktes

69 Sächsisches Wort mit drei tz.

Die Lösung des Rätsels nennt eine in der DDR weit verbreitete psychiatrische Einrichtung, die der Fülle der Probleme im Sozialismus aber auch nicht gewachsen war.

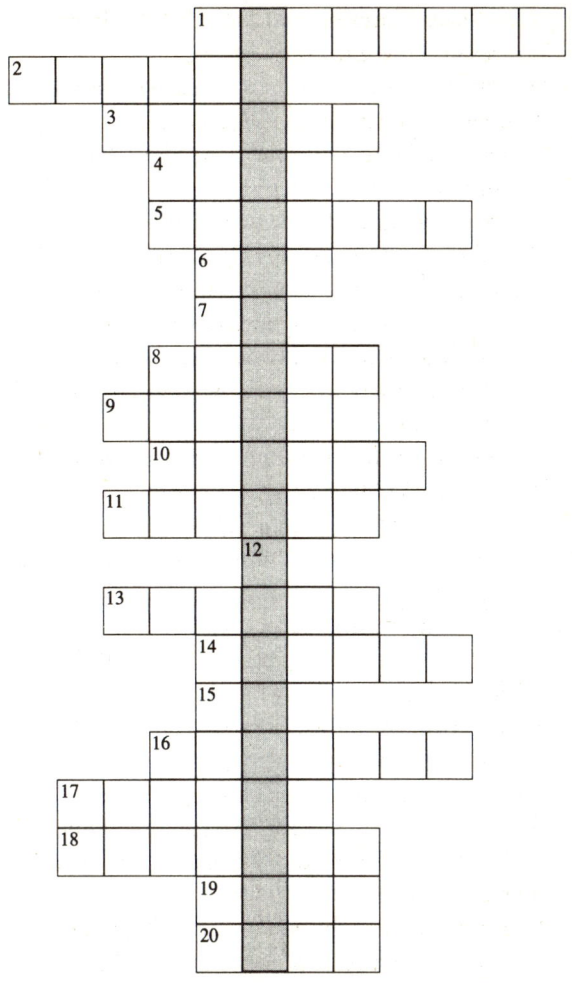

Im Oktober 1989 bringen die ersten nicht staatlich organi-
sierten Demonstrationen in Leipzig und Dresden die Ge-
schichte der DDR völlig durcheinander. Das Altersheim in
Wandlitz wird geschlossen, und in Sachsen wird der Osten
am schnellsten zum Westen. Seit dem dritten Oktober 1990
nennt sich Sachsen wieder Freistaat.

21. Kapitel
oder
Die Revolution nach Feierabend
oder Wie 1989 Helmut der Große in Leipzig die Einheit
herbeidemonstrierte

Die jüngere Geschichte, liebe/r Löser/in, ist so beschaf-
fen, daß wir eher geneigt sind, Aktenstücken zu glauben
als uns selbst, denn Papier ist einerseits zwar geduldig,
andererseits aber nicht vergeßlich, und deshalb wollen
wir uns erst mal ins Gedruckte stürzen:

Bericht[70]
des Kampfgruppenmitgliedes Lothar Engelmann zu seiner Mitwirkung bei der Behandlung der Vorkommnisse
anläßlich des Abends des 9. Oktobers 1989 in Leipzig.

Also, wir standen nach Feierabend eine Querstraße vom
Georgiring entfernt im Bereitstellungsraum. Waffen hatten wir keine mit, aber es waren irgendwo welche bereit-
gestellt.
    Während der abendlichen Wartemaßnahme im Kon-
zentrationsraum kam es zu folgender, zum Teil in hefti-
ger Form geführter, öffentlicher Diskussion: Der Genosse Günter Baumann äußerte unverhüllt, daß er sich

70 Dieser Bericht konnte in Ermangelung eines Empfängers
nicht mehr abgeschickt werden und ist daher nicht der Vernich-
tung anheimgefallen.

nicht vorstellen könne, daß es Sinn hätte, gegen die Demonstranten mit Gewalt einzuschreiten, weil man da mit Waffen sowieso nur Unheil anrichten täte und es reiner Blödsinn wäre. Und außerdem, so äußerte er mir sowie Genossen Dieter Schummrig gegenüber, wäre sein Schwager auch dabei und sein Gartennachbar von der Kleingartensparte Frohe Zukunft sowie viele andere, die er kennt. Er dächte nicht daran, gegen die loszugehen.

Diese Problematik wurde durch mich an unsern Kommandeur herangetragen. Genosse Zabowsky trug diese Problematik sofort an die Genossen der Zentralen Einsatzleitung weiter, kriegte aber keine Antwort. Er nahm deshalb die Eigeninitiative in die Hände und befragte alle Kämpfer zu dieser Thematik. Dabei stellte sich heraus, daß in dieser Frage bei allen Mitgliedern eine einheitliche zugespitzte politische Unklarheit herrschte. Als Genosse Dieter Schummrig nämlich fragte, was wir machen sollten, zuckte Genosse Zabowsky resignativ die Schultern und kommandierte: »Links um!«

Daraufhin sagte Dieter Schummrig zu mir: »Du, ich glaube, jetzt ist es soweit, jetzt ist links tatsächlich um!«

Der Rheinländer erzählt über den Sachsen folgendes: Du kannst einem Sachsen zehnmal gegen das Schienbein treten, und man wird sehen, der entschuldigt sich noch dafür. Beim elften Male aber klappt das nicht mehr, dann bringt er dich um!

Hat man Ihnen, liebe/r Löser/in, schon mal zehnmal hintereinander gegen das Schienbein getreten? Kommt ja im Leben nicht allzuoft vor. 1989 muß es aber kurz davor gewesen sein …

Nun will ich Ihnen, die Sie vielleicht selber mit dabeigewesen und in Leipzig, zuerst mit schlotternden Knien und dann von Montag zu Montag immer mutiger, den Ring entlanggezogen sind oder woanders im Lande Runde Tische gezimmert, Resolutionen verfaßt und Dialog gefordert haben, nicht mit einer Geschichte kommen, die Sie selber mitgeschrieben haben. Ich will Ihnen nur noch ein Dokument vorlegen, das heutzutage geradezu richtungweisend bei der Betrachtung und historischen Einordnung der Ereignisse der Jahre 1989/90 werden könnte ...

Also, liebe wiedervereinigte Löser, ich muß Ihnen schon reinen Wein einschenken, denn eigentlich wollte ich an dieser Stelle einen die sächsische Geschichte krönenden Besuch bei unserm damaligen Herrn Bundeskanzler für Sie arrangieren. Es sah anfangs auch sehr vielversprechend aus, und ich hatte für uns schon zwei Übernachtungen am Wolfgangsee bestellt. Aber in letzter Minute erreichte mich noch eine Absage, der Kanzler wolle am Wolfgangsee nur den Kirch im Dorf lassen und stünde lediglich ab und an noch SAT1 für ein längeres Selbstgespräch zur Verfügung.

Dankenswerterweise sprang jedoch ein Herr aus dem Dunstkreis des Kanzlers in bewährter Manier mutig in das vom Kanzler kurzfristig hinterlassene, bedauerliche Loch und half mir mit einem Telefonkurzinterview aus der Patsche. Es handelt sich im folgenden um das Gedächtnisprotokoll eines Telefonats mit dem Generalsekretär der CDU, Herrn Hinze ...

Ja, liebe/r Löser/in, Sie erinnern sich doch noch, das war der Herr, der so aussah wie ein Schluck Wasser – aber eben aus einem vergifteten Brunnen ...

ERSTE FRAGE: Sehr geehrter Herr Hinze, seit den historischen Ereignissen der Jahre 1989/90 ist einige Zeit ins Land gegangen. Wie sieht es heute mit der Interpretation der Vorgänge aus Ihrer Sicht aus?

ANTWORT: Nun, es ist indessen zweifelsfrei erwiesen, daß die Wende in der ehemaligen DDR in erster Linie dem tatkräftigen Einsatz unseres verehrten Bundeskanzlers zu verdanken ist (in engem Telefonkontakt zu seinem Freund Boris Jelzin natürlich).

Unser Kanzler, der, wie wir ja inzwischen alle wissen, in den Monaten Oktober und November in Leipzig allmontäglich um den Ring demonstrierte – später dann natürlich auch in Dresden und anderen mitteldeutschen Städten, hat mit seinem tatkräftigen Einsatz und dem mutigen Ruf : »Ich bin das Volk!« und »Ich bleibe hier!« den Menschen im Osten Mut gemacht und in ihnen die Überzeugung geweckt, ihn in freier Selbstbestimmung im Oktober 1990 zum ersten gemeinsamen Kanzler unseres wiedervereinigten Vaterlandes zu wählen.

ZWEITE FRAGE: Ist dem Kanzler auch die Wiedergeburt des Freistaates Sachsen zu verdanken?

ANTWORT: Ja, das ist ebenfalls zweifelsfrei der Fall. Auf seinen Umzügen hat der Kanzler natürlich in Abstimmung mit der Europäischen Union auch öfter den Ruf: »Ich bin ein Sachse!«, beziehungsweise »Ich bin ein Freistaat!« verlautbaren lassen. Die Krönung seiner weiß-grünen Bemühungen gipfelte aber darin, daß er einen seiner besten und treuesten Mitarbeiter, den lieben Freund und unzertrennlichen Bewunderer seiner Politik, den intimen Parteifreund Professor Kurt Biedenkopf, als Markgraf, beziehungsweise Ministerpräsident nach Sachsen in die Dresdener Heide geschickt hat.

LETZTE FRAGE: Stimmt es, daß Ihre Partei mit dieser Geschichtsauffassung in das Haus der Deutschen Geschichte einziehen wird?

ANTWORT: Das stimmt nicht, denn damit sind wir schon lange drin!

21. LEHRE AUS DER GESCHICHTE:

Papier ist oftmals noch geduldiger als Sachsen!

Der Aufbau Ost überrollt Sachsen. Dort gibt es die meisten
Gewerbegebiete und leerstehenden Bürohochhäuser. Es gibt
wieder Finanzämter und eigene Aktiengesellschaften. Die
sächsische Industrie erzeugt, sofern sie gerade etwas erzeugt,
vorwiegend sächsische Produkte. Die Sparkassen bieten
den Egal-wofür-Kredit mit 9,99 Prozent effektivem Jahres-
zins ohne Bearbeitungsgebühr!

22. Kapitel

oder

Wie der Sachse aus diplomatischem Ungeschick
den Aufschwung Ost blockiert

Ich wollte Ihnen eigentlich, liebe/r Löser/in, im vorletz-
ten Kapitel keine allzu große Wegstrecke mehr zumuten,
denn wir Sachsen kommen gerne bissel eher nach Hause
als geplant. Aber wir müssen uns leider noch einmal auf
die Socken machen. Das liegt nicht an mir, das liegt an
der Bundesregierung, die kommt nicht aus der Knete!

Normalerweise hätten wir uns in Regierungsangele-
genheiten schon wieder nach Berlin bemühen müssen.
Aber der Umzug zieht sich und zieht sich. Erst in zwei
Jahren wird es soweit sein. Der Regierungsumzug ver-
zögert sich nicht aus technischen oder finanziellen
Gründen, nein, die Bonner schrecken hauptsächlich vor
Berlin zurück, weil sie noch immer befürchten, dort eine
Vielzahl sächsischer Einwanderer in den verschiedensten
Funktionen anzutreffen.

Also gehen wir eben heute nach Bonn, denn wie heißt
es doch so treffend: Wenn der Berg nicht zum Propheten
kommt, dann kommt der Prophet eben nach Bonn! Wir
halten Einkehr in einer kleinen Kneipe, in der wir nicht
befürchten müssen, diplomatischen Greisen zu begegnen.
Nur ein einsamer Sachse, der auf den einsamen Namen
Seifferth hört, monologisiert dort vor sich hin und wäre

bereit, uns an seinen Betrachtungen teilhaben zu lassen. Herr Seifferth sieht mitgenommen und verzweifelt aus. Das muß nichts bedeuten, denn Sachsen sehen oft so aus. Aber Herr Seifferth stammt aus der Gegend um Döbeln. Und Döbeln hat immerhin die höchste Selbstmordquote in Sachsen, und da Sachsen die meisten Selbstmorde Deutschlands aufzuweisen hat, sollte uns das zu denken geben. Wir wollen also sehr sanft und einfühlsam mit dem Herrn umgehen.

So, Herr Seifferth, da wären wir. Wenn wir uns vorstellen dürften: Das da an meiner Seite sind die Lösers, ebenfalls aus Sachsen. Wir sind eine alte Seilschaft[71] und haben einen kleinen Ausflug durch die sächsische Geschichte unternommen. Der Sachse macht ja bekanntlich nirgendwohin einen Ausflug, wenn er anschließend nicht irgendwo einkehren kann. Dürfen wir Sie zu einem Bierchen einladen?

Der Herr Seifferth hat die seltene Gabe, seit dreißig Jahren so auszusehen, als sei er eben fünfundfünfzig geworden. Er hat aber heute wirklich Kummer, nicht einmal unsere großzügige Bierspende nötigt ihm ein Lächeln ab. Was ist denn Herr Seiffert, haben Sie in Bonn Ihren Mut oder Ihren Durst verloren?

»Hörense mir bloß auf! Ich habe wieder mal alles vermasselt!«

Was denn bitte, Herr Seifferth?

»Na, den ganzen Aufschwung Ost, die blühenden Landschaften, das ist doch alles noch nicht so zügig eingetreten, wie es uns der dazumalene Kanzler vorphantasiert hat. Sind ja noch nicht überall blühende Landschaften, paar Fabriken stehn ja noch …«

Aber lieber Herr Seifferth, da kann man Ihnen doch persönlich keinen Vorwurf draus machen!

71 Das Wort Seilschaft muß Sie in diesem Zusammenhang nicht stören. Im Westen heißt das eben Filz, und wir wollen lieber nicht untersuchen, was von beiden dichter zusammenhängt.

»Na gerade mir, wem denn sonst? Ich bin doch dran schuld, ich habe die Sache doch vermasselt!«

Herr Seifferth ist den Tränen nahe und muß schlukken – fast das ganze Bier. Ich habe Mitleid und bestelle noch eins. Es ist Alt in kleinen Gläsern. Man trinkt daraus wie aus einer Blumenvase. Neues Bier aus den Neuen Ländern in richtigen Gläsern kennen die hier noch nicht.

»Ich bin nämlich an der ganzen Sache dran schuld«, fährt Herr Seifferth bekümmert fort, »mich hamse doch als Experten nach Bonn geholt, weil denen langsam aufgegangen ist, daß sie sich bissel mehr um den Osten kümmern sollten! Nicht etwa, daß sie keine Verbindung zum Osten hatten … Zur alten DDR-Regierung hatten sie ganz gute! Hamse sich so jedes Jahr einmal auf einem Jagdschlößchen zusammengefunden. Die im Westen ham eine Runde Milliardenkredit ausgegeben, und unsre ham paar zum Abschießen freigegeben – na Hasen, für die Diplomatenjagd!«

Jaja, daran können wir uns noch erinnern, wir sind ja auch alte Hasen und aus der Gegend.

»Sehnse, aber die Verbindung zum einfachen Mann im Osten, die hat ihnen gefehlt, sozusagen zum Sachsen, dem unbekannten Wesen neben dir! Und da sind sie auf mich verfallen!«

Und Sie sind jetzt sozusagen der verfallene Experte für den Aufschwung im Osten?

»Nee, ich bin kein Experte, ich bin der absolute Durchschnitt!«

Das sieht man ihm aber gar nicht an, nicht wahr, liebe/r Löser/in, der gute Herr Seifferth sieht eher überdurchschnittlich durchschnittlich aus.

»Nenee, bei mir, da können Sie kommen von welcher Seite Sie wolln, ich bin absoluter Durchschnitt! Intellekt: Durchschnitt! Humor: Durchschnitt! Bierverbrauch: Oberer Durchschnitt!«

Den Wink habe ich verstanden und bestelle noch eine Runde.

»Und da hamse mich eben nach Bonn geschafft! Ham mich ja erst behandelt wie einen Terroristen, also vom Aufwand her! Nenee, die GSG 9 hat mich nicht geholt, ich lebe ja noch. Aber eine ganze Hubschrauberstaffel vom Bundesgrenzschutz hat mich nach Bonn geflogen. Und dort habe ich dann eine Zwiete[72] gekriegt im Hotel MARITIM! Und dann abends gings erst richtig los, großes Begängnis! Alle warnse da, einer wie der andere, Staatssekretäre, Minister und was sonst hier noch so frei rumläuft … Freundlich warnse mit mir, Geschenke hamse mir in die Taschen geschoben … Hier der Kleine war auch da, der Name fällt mit gerade nicht ein, na der mit der Krankenkassenbrille!«

Nicht vorsagen, liebe/r Löser/in, wir wissen ja alle, wer gemeint ist! Herr Seifferth redet unverblümt weiter: »Der jedenfalls hat mir paar Medikamente in die Tasche geschoben, weil die im Osten jetzt so teuer wärn. War was gegen Brechreiz … Na, ich habe es an meine Frau verfüttert! Nächste Woche soll sie wieder rauskommen aus der Klinik. Wenns dumm zugeht, kommtse drüber weg!«

Herr Seifferth muß schon wieder schlucken, aber er läßt etwas im Glas, so daß ich noch nicht wieder gefordert bin.

»Und der andere war auch da, wie heißt denn der gleich wieder, ich habe es aber heute mit dem Gedächtnis! Na, der mit dem Augenbrauendupee …«

Nein, liebe/r Löser/in, nicht einhelfen, Herr Seifferth kommt schon noch drauf. Herr Seifferth ist nämlich unvergeßlich!

»Klar, jetzt fällts mir wieder ein, das war unser Finanzminister, unser geschätzter Finanzminister. Na, ge-

---

72 Suite ist gemeint!

schätzter muß man schon sagen, bei dem stimmt ja keine Zahl! Jedenfalls hat der sich bei mir 50 Mark geborgt! Die könnte ich bei der nächsten Steuererhöhung wieder zurückrechnen. Daß die käme, dafür legt er die Hand ins Feuer.«

Herr Seifferth legt aber die Hand nicht ins Feuer, sondern ans leere Glas und schaut mich bekümmert an. Ich zögere die langsam fällige Bestellung noch einmal hinaus, und richtig, er redet weiter.

»Und der ganz Große war natürlich auch da, der Drähmel, der Golem, komme doch wieder nicht auf den Namen – na, Sie wissen schon, wen ich meine. Der hat sich jedenfalls ganz lange mit mir unterhalten. Wollte alles wissen: Wies uns so geht im Osten? Wie lange wir noch durchhalten? Und vor allem auch, was wir noch so von seinen Wahlversprechungen halten!«

Und da haben Sie es ihm aber gesagt!

»Freilich, da habe ich es ihm aber gesagt! So nicht, habe ich gesagt, diese Schwindelei von den Politikern, das machen wir nicht mehr mit, das gab es früher nicht, und das gibts heute gleich gar nicht! Na, ist doch wahr! Wenn der Ulbricht seinerzeit bei uns gesagt hat: Der Sozialismus siecht![73] – na dann ist der gesiecht! Jahrelang vor sich hin. Da konnte man sich drauf verlassen. Und wenn seinerzeit '89 nischt dazwischengekommen wäre, da täte der heute noch siechen!«

Herr Seifferth schaut kühn in unsre kleine Runde, der Höhepunkt seiner Erzählung ist, wie es scheint, erreicht.

»Das hat der Große dann auch eingesehen. Jedenfalls soll ich im Osten erst mal alle schön grüßen, und wenn demnächst die Tomaten wieder teurer werden täten, sagt

73 Dies ist die letzte Fußnote. Sie haben es überstanden. Hier verweise ich jedoch noch einmal auf Fußnote 1. Wenn man mit der letzten Fußnote auf die erste zurückkommt, hat man einen sogenannten Fußnotenringschluß, was unglaublich kunstvoll ist und selbst in der gehobenen Literatur selten vorkommt!

er, käme er auch mal öfter! Na, da wollte ich eigentlich schon ins Bett machen, denn diese ewige Sauferei, das halten nur Berufspolitiker aus! Da reitet mich doch der Affe, und ich halte noch einen kleinen Vortrag über die sächsische Geschichte. Ich trete also an mein Glas, war ja nicht weit, halber Meter, das schafft man noch ...«

Er zeigt uns, daß er das auch jetzt noch schafft, und trinkt sein Glas leer.

»Meine Damen und Herren, sage ich und kloppe an mein Glas, der Sachse hats in der Geschichte nie leicht gehabt, stand eigentlich immer auf der falschen Seite, hatte die falschen Verbündeten und hat dabei immer draufgezahlt. Ging schon los im Siebenjährigen Krieg, da ham wir verloren gegen die Preußen – na Schwamm drüber! Aber paar Jahre später, sozusagen vor der eigenen Haustüre bei der Völkerschlacht zu Leipzig 1813, da standen wir wieder auf der falschen Seite! Na, glücklicherweise ham wir noch während der Schlacht die Fronten gewechselt – machen wir ja seither immer so! Aber es hat eben auch nicht viel genützt. Dann kam die Schlacht bei Königgrätz, da warn wir bei den Österreichern, das kannste glatt vergessen ... Und dann: Erster Weltkrieg – ist bekannt! Zweiter Weltkrieg – wissen Sie ja auch, wie der ausgegangen ist! Und nach fünfundvierzig warn wir bei den Russen – das Ergebnis ist allgemein bekannt! Nee, sage ich, auf unseren Verbündeten liegt kein großer Segen! Wir ziehen das Unglück immer förmlich an und zahlen dabei immer tüchtig drauf! ... Und nun, sage ich, nun sind wir bei euch!«

Herr Seifferth läßt sich zurücksinken und ist plötzlich die personifizierte Verzweiflung, fast schluchzend redet er weiter.

»Das hätte ich eben nicht sagen sollen. Sofort war eisiges Schweigen im Saale, alle Jalousien gingen runter, und seitdem läuft es im Osten tüchtig holprig! Und ich bin dran schuld!«

Herr Seifferth sinkt in sich zusammen, er schluckt wieder, lange und heftig. Diesmal beschließe ich, soll er aber auf eigene Kosten schlucken. Kommen Sie, liebe Lösers, wir schleichen uns davon, denn wir haben genug gehört. Das hat er nun davon, dieser leichtsinnige Herr Seifferth! Man darf eben Politikern nie die Wahrheit sagen!

22. LEHRE AUS DER GESCHICHTE:

Man darf Politikern tatsächlich nie die volle Wahrheit sagen, und Sachsen sind meist selber schuld!

In Sachsen ist fast alles wieder typisch sächsisch. Sogar die Demokratie geht in Sachsen ihren geregelten Gang. Kurt Biedenkopf wird in schöner Regelmäßigkeit und mit stabiler politischer Mehrheit zum Dauerministerpräsidenten gewählt.

23. Kapitel
oder
Wie der Sachse Demokratie lernt und
Wie er in den Wahlkampf zieht

In Sachsen tobt wieder einmal der Wahlkampf. Das kann man daran erkennen, daß viele Politiker sich hängen ließen. Die Straßenbäume und Lichtmasten strotzen nur so von ihnen. Die kleineren Parteien hängen ihre Politiker ganz hoch, damit sie keiner abreißen kann, doch die großen, die mehr Geld haben, hängen ihre Politiker nur so hoch, daß sie auch dem gemeinen Mann bequem ins Auge fallen. Sie können sich das leisten. Daß Politiker heruntergerissen aussehen, kann man sich nicht leisten, denn dann müssen sie noch ein zweites oder drittes Mal aufgehängt werden. Viele Plakate sind mit Filzstift fröhlich übermalt, was von der Kunstsinnigkeit der mündigen Bürger, aber auch von der Liebe zu ihren Politikern spricht. An ungeliebte Politiker hätte man schwerlich so viel teure Farbe verschenkt. Rote Sau steht da gleich neben Reaktionäres Schwein, was ein gutes Beispiel für praktizierte Toleranz ist.

Die anstehenden Wahlen sind wieder einmal Schicksalswahlen, denn ein neues Jahrtausend steht vor der Tür. Und für einen wackeren Politiker gibt es nichts Schöneres, als sein Volk in das neue Jahrtausend geführt gedurft zu haben.

Aber ist das Jahr 2000 eigentlich das Jahr 2000? Die Chinesen, die Juden, im Gegensatz zu uns Sachsen uralte, anerkannte Kulturnationen, schreiben auch Kalender, doch da kommt in nächster Zeit kein 2000 vor. Die richten sich einfach nicht nach unseren christlichen und deutschen Nullen.

Und führende Altertumswissenschaftler haben die Geburt Christi neuerdings auf das Jahr 4 vor Christi Geburt zurückprognostiziert. Christus war bei seiner Geburt also bereits vier Jahre alt. Nun, das haut den Papst nicht um und macht das Wunder der unbefleckten Empfängnis und jungfräulichen Geburt nur noch größer.

Aber wenn das Jahr minus vier das Jahr null war, dann ist 2000 nicht 2000, sondern 2004, und 2000 war 1996. Und wir müssen gar nicht mehr von irgendwelchen Politikern ins neue Jahrtausend geführt werden, wir sind schon drin!

Gewählt muß natürlich trotzdem werden, wozu hat man denn sonst die Demokratie mühsam erstritten. Der Einfachheit halber hatte man alle Wahlen der nächsten Zeit auf einen Tag gelegt, um damit der sogenannten Politikverdrossenheit, einer aus dem Westen nach Sachsen eingeschleppten, nahezu unheilbaren Volkskrankheit, ein Schnippchen zu schlagen. Der gesunde Sachse, der unverdrossene und gewissenhafte Bürger, bereitete sich deshalb schon wochenlang umfassend auf das demokratische Großereignis vor.

Die Familie Petzoldt zum Beispiel politisiert schon morgens am Frühstückstisch.

»Babba, was tun wir wähln?« fragt Frau Petzoldt mit wachem politischem Interesse; sie selbst wählt Rama statt Butter wegen der linksdrehenden Fettsäuren. »Ich wähle diesmal vielleicht den Heino!«

»Den Heino kannste doch nicht wählen, das ist doch so eine Art Schlagersänger! Der ist unwählbar!« sagt Pappa Petzoldt und wählt Nutella.

»Der Heino hing aber gleich neben dem Biedenkopf

an der Haltestelle. Die Stimme der Heimat stand drüber. Das hat mich überzeugt, und da gebe ich jetzt meine Stimme eben der Heimat!«

»Zu Wahlen dürfen immer nur Politiker gewählt werden!«

»Na gut! Und was für einen nehmen wir uns diesmal?« Sie löffelt eine Kiwi aus, denn seit die neue Zeit angebrochen ist, hat sie frühmorgens viel mehr auszulöffeln als früher.

»Ich weiß es das zehnte Mal auch nicht!« Vater Petzoldt ist wieder mal völlig hilflos, denn er kriegt diese verfluchte Kondensmilchflasche mit dem neumodischen Schraubverschluß nicht auf.

»Es ist doch nicht das zehnte Mal – drehen mußte, nicht kippen! Es ist erst das dritte Mal, daß wir richtig wählen dürfen!«

Vater Petzoldt dreht und dreht, aber die Flasche behält ihren Inhalt für sich. »Ich werde es diesmal so machen, daß ich in der Wahlkabine einen Stift über dem Stimmzettel pendeln lasse, dann klinke ich ihn aus, und wo der dann einen Kratscher macht – das habe ich dann eben gewählt.«

»Nur gut, daß es jetzt Wahlkabinen gibt, da kann man wenigstens nicht sehen, wie blöde unsereins vor den Stimmzetteln steht!« Mutter Petzoldt läßt sich elegant vom Stuhl gleiten und sammelt die Brotschnitten auf, die der neue Toaster gerade mit kühnem Schwung durch die Küche geschossen hat. »Aber wenigstens haben wir jetzt bei der Wahl die Auswahl!«

»Klar, die Auswahl haste, deswegen leben wir ja jetzt in einer Marktwirtschaft. Da herrscht die Auswahl, sonst nischt! Aber geben, das will ich dir mal sagen, geben tuts trotzdem nischt.« Was die Kondensmilchflasche gehört haben muß, denn sie gibt auch nichts. Vater Petzoldt stellt das Fläschchen ärgerlich zurück und beschließt, gezwungenermaßen kaffeemäßig schwarz zu wählen.

»Du mußt den Verschluß erst abmachen, du hast nur den Ausgießer aufgedreht, da drunter ist die Flasche noch mal zu! Und daß es nischt geben täte, das kannst du aber wahrhaftig nicht sagen!«

»Na freilich, wenn ichs dir sage«, er hat jetzt die Technologie des Sahnefläschchenverschlusses durchschaut und kommt endlich in Fahrt. »Hier zum Beispiel unser Gartennachbar, der kleine Dicke, der immer noch so spät im Jahr grillt. Am Totensonntag hat der noch gegrillt, und das Zeug sogar gegessen ...«

»Jaja, ich weiß schon, wen du meinst!« Sie hat endlich die Toastschnitten beisammen und steht nun erneut vor der Schicksalswahl: Butter oder Rama!

»Na jedenfalls«, fährt Papa Petzoldt fort und langt sich die Thermoskanne, »der hat doch neulich im Lotto gewonnen, nicht den Jackpot, aber es reicht! Und da wollte der sich mal so ein richtiges Auto kaufen, mit allem Drum und Dran, was es nur so gibt ... Gabs nicht!«

»Das kann doch nicht sein!«

»Wenn ich es sage!«

»Was wollte denn der für ein Auto?«

»Porsche Kombi mit Anhängerkupplung!« Petzoldt rüttelt an der Kanne, denn auch sie will nichts rausrücken.

»Du mußt den Deckel nach rechts drehen«, sagt Mutter Petzoldt, verdrängt alle linksdrehenden Fettsäuren aus ihrem Gewissen und entscheidet sich schweren Herzens doch wieder für Butter. »Mit der Wahl ist es ja auch was völlig anderes.«

»Gar nicht!« Papa Petzoldt wird langsam fuchtig, denn die Kanne gibt auch nach einem energischen Rechtsruck nichts heraus. »Da ist es haargenau so wie in der Wirtschaft. Da gibt es auch nicht das, was du gerade willst! Du mußt entweder was dazunehmen, was du überhaupt nicht brauchen kannst, oder es fehlt die Hälfte! Was ham wir denn seinerzeit beim ersten Mal gewählt?«

»Na, die Einheit!«

»Und was mußten wir dazunehmen?«

Mutter Petzoldt weiß es nicht.

»Na, die Arbeitslosigkeit!« Vater Petzoldt will triumphieren, was ihm aber nicht gelingt, denn die Kanne hält noch immer dicht.

»Nach rechts mußt du den Deckel drehen, nicht nach links!« Sie hat das politische Problem aber verstanden und pflichtet ihrem Gatten bei. »Dann ist das ja wie mit den Bügeleisen!«

Diesmal guckt Papa Petzoldt verständnislos.

»Na, ich wollte mir doch neulich ein neues Bügeleisen kaufen …«

»Wieso denn schon wieder? Das alte ist doch erst vierzehn Jahre alt. Das wird ja sogar noch ab und zu warm, wenn es auf dem Fensterstock und in der Sonne steht!« Der Klügere gibt nach, sagt sich in diesem Moment die Thermoskanne und beschließt, Vater Petzoldt endlich mit Kaffee zu versorgen, allerdings gleich wieder so reichlich, daß auch noch Untertasse und Tischdecke etwas abbekommen. »Na und«, fragt der dadurch nicht gerade besänftigt, »gab es etwa keine?«

»Hunderte! Alle Sorten, die du dir denken kannst: Elektronische Dampfbügeleisen, Solarbügeleisen, ein Bügeleisen mit eingebautem NINTENDO gegen die Bügelverdrossenheit, ja eins konnte sogar Kaffee kochen und anschließend die Flecken wieder wegmachen. Aber ein Bügeleisen, das nur so bügelt«, sie senkt traurig die Stimme, »das gab es eben nicht!«

»Siehst du, habe ich es nicht gesagt! Und in der Politik ist es noch viel schlimmer. Wenn du zur Wahl mal zum Beispiel sichere Arbeitsplätze wählst, was mußt du dazunehmen?«

Mutter Petzoldt wußte es nicht! Sie weiß aber dafür, wo der Aufwischlappen liegt, um damit Vater Petzoldts Untertassenüberschwemmung zu regulieren.

»Na, die Lohnkürzung! Und wenn du stabile Löhne wählst, was kriegst du dann draufgebrummt?«

»Die Steuererhöhung!« Mutter Petzold hat blind getippt und ins Schwarze getroffen. »Wo ist denn eigentlich die schwarze Johannisbeermarmelade? Hast du die schon wieder aufgefressen? – Aber Babba, bei den Politikern ist das doch ganz anders ...«

»Wieso denn?« Er regt sich ein wenig künstlich auf, denn er will nicht zugeben, daß er die Marmelade tatsächlich schon wieder aufgegessen hat. »Gucke mal, wenn du den Kohl wählst mit seiner CDU, dann mußt du doch die CSU automatisch mitnehm, ob du willst oder nicht – und wenns dumm kommt, die FDP ! Und es kam schon paar Mal dumm!«

»Wir wollen aber doch diesmal spaßeshalber SPD wählen ...«, gibt Mutter Petzoldt zu bedenken.

»Kommt auf dasselbe raus, denn wenn du die wählst, dann mußt du bestimmt die Grünen mitnehmen. Und was haben wir dann?«

»Rotkraut und Grüne Klöße!« antwortet Mutter Petzoldt, denn davon versteht sie was.

»Genau! Rotkraut und Grüne Klöße! Und keiner redet dann mehr vom Fleisch!«

»Aber wenn jetzt die PDS mal in den Bundestag neinrutscht«, sagt Mutter Petzoldt und entscheidet sich in Ermangelung der schwarzen Hanne für Fruchtjoghurt, »dann wolln die doch bestimmt auch noch mitreden!«

»Und mit Recht« , poltert Papa Petzoldt, »in Sachsen sind sie ja schon zweitstärkste Kraft! Die SPD kannste glatt vergessen, da ist doch Eierlikör stärker! Na jedenfalls, wenn wir hier in Deutschland schon überall von Leuten regiert werden müssen, die keinerlei Ahnung von der Wirtschaft haben, dann solln das aber auch welche sein, die das vierzig Jahre lang bewiesen ham!«[74]

74 Haben Sie es gemerkt? In diesem ganzen Kapitel sind wir ohne eine einzige Fußnote ausgekommen, und es ging auch.

»Und was wählen wir denn nun in Sachsen? In Sachsen müssen wir doch nicht immer alles mitmachen?«

»Da haste natürlich auch wieder recht. Am besten wäre es«, Vater Petzoldt schaut träumerisch über den Rand seiner Marmeladenbemme hinaus in das neue Jahrtausend, »wir hätten wieder einen kleinen gemütlichen König ohne Wahl und Verfallsdatum. Aber da werden wir vielleicht doch noch zwei, drei Jahre warten müssen …«

23. Lehre aus der Geschichte:

In Sachsen funktioniert Demokratie eben zur Not auch ohne Demokraten!

24. Kapitel

oder

Eine Art Nachwort,

worin wir uns noch einige Freundlichkeiten sagen,
letzte Lehren ziehen und uns erste Gedanken
um die bevorstehende Zukunft machen

So, liebe/r Löser/in, die Gegenwart hat uns zurück, und
Gegenwart bedeutet ja schließlich immer das Ende aller
Geschichtsschreibung.

Doch ehe wir uns verlassen und ein jeder wieder für
sich in eine unausweichliche Zukunft stürzt, lassen Sie
mich noch sagen, wie angenehm es war, mit Ihnen zu reisen. Von Krankheiten und Versicherungsfällen sind wir
glücklicherweise weitgehend verschont geblieben.

Erinnern Sie sich noch, wie wir bei Konrad dem Großen unterm Bett lagen und zur Völkerschlacht gemeinsam im Bombenhagel neben Napoleon standen? Nun,
wenn das keine schönen gemeinsamen Erinnerungen
sind! Da haben wir doch mal was, was wir dereinst unsern Enkeln erzählen können, wenn es in Sachsen bei
stetig fallender Geburtenrate noch zu Enkeln kommen
sollte. Zu Handgreiflichkeiten zwischen uns ist es nicht
gekommen, denn unsere Meinungsverschiedenheiten
haben sich in sächsischen Grenzen bewegt, die Toleranz-
grenze ist also nicht überschritten worden. Vielleicht
klappt es wieder mal, daß wir zusammen was unternehmen! So und nun die

LETZTE LEHRE AUS DER GESCHICHTE:

Man kann sagen, der Sachse hat durchaus etwas aus seiner Geschichte gelernt, wenn man auch noch nicht sagen
kann, was. Und sollte er nichts aus seiner Geschichte gelernt haben, ist es auch kein Beinbruch, denn wer nichts
lernt, muß nichts vergessen.

Für alle, die trotzdem nicht genug von der sächsischen Geschichte bekommen können, haben wir noch einige leere Seiten angefügt, auf denen auch Sie, liebe/r Löser/in, die Zukunft nach eigenem Gutdünken festschreiben können. Zum Beispiel so:

17. Mai 2002
    Immer mehr Grenzstädte beantragen den Anschluß an den Freistaat Sachsen. Unter andern fordern Gera, Halle und Cottbus ihre Einsachsung!

7. Oktober 2002
    In Chemnitz und Dresden kommt es zu antipreußischen Ausschreitungen.

24. Dezember 2002
    Die Inseln Rügen, Hiddensee und Usedom entscheiden sich in einer Kampfabstimmung zum Beitritt in den Freistaat Sachsen.

29. Februar 2003
    Große politische Veränderungen in Sachsen: Die freistaatstragende Unionspartei benennt sich um in SED (Sächsische Einheitspartei Dresden).

1. April 2003
    Um endlosen Nachfolgediskussionen aus dem Wege zu gehen, wird der sächsische Ministerpräsident Kurt Biedenkopf von seiner Frau kurzerhand zum König ge-

schlagen. Sachsen hat damit eine K. u. K. Monarchie: Kurt und Kattin!

31. Mai 2003

Kurt dem Ersten wird von Lech dem Letzten die polnische Königskrone angetragen.

13. August 2003

Nach Zwischenfällen an der Sächsisch-Preußischen Grenze beschließt die Regierung des Königreiches Sachsen unter dem Jubel der Bevölkerung endlich den Bau eines antipreußischen Schutzwalls.

Hier brechen wir nun wirklich ab, denn sonst geht die ganze Geschichte wieder von vorne los!

Aber wenn Sie wollen, können Sie hier gerne weitermachen … … … … … … … … … … … … … … … … … …
… …
… …
… …
… …
… … … … … … … …

ANHANG

Verzeichnis der für die Geschichte Sachsens
unumgänglichen Pflichtliteratur

1. Altenburger Skatkarte, deutsches oder sächsisches Blatt, Altenburg, n. N., Seite 1 bis 32
2. Lene Voigt, Alle und sämtliche Werke, gesammelt oder lose in jeglicher Ausgabe, Seite 1 ff.
3. Johann Sebastian Bach, Das Wohltemperierte Klavier sowie Die Kaffeekantate
4. Anton Günther, Sis Feierohmd
5. Friedrich Nietzsche, Auswahl, besonders: Menschliches, Allzumenschliches
6. Richard Wagner, fast alles, besonders: das dichterische Werk
7. Karl May, alles
8. Martin Luther, nach Bedarf
9. Arthur Schramm, Sämtliche Werke (leider noch nicht veröffentlicht)
10. Haack Geographischer Atlas, Seite 12–13 (Sachsen liegt rechts vom 0. Längengrad, gleich neben der Mittelfalte, und ist mit Lupe und gutem Willen durchaus zu erkennen)

Verzeichnis
der für das Verständnis der Geschichte Sachsens
unumgänglichen Kochrezepte

Sächsische Küche unterliegt den Gesetzmäßigkeiten, denen die Sächsische Geschichte auch unterliegt, sonst wären hier keine Kochrezepte abgedruckt: Wir nehmen den
Rest und machen was draus. Nur, in der Politik ist meist
einer da, der uns den Rest gibt, in der Küche können wir
uns unsere Reste noch selbst zurechtmachen.

1. Sächsische Kartoffelsuppe

Für die Kartoffelsuppe nimmt man natürlich besonders
gerne Kartoffelreste, gekochte oder gestampfte, also
Kartoffelbrei meinetwegen auch. Kartoffelsuppe, die
nicht aus Resten, sondern um ihrer selbst willen gekocht
wird, ist ein Luxus und schmeckt nicht. Natürlich nimmt
man nicht nur Reste, eine richtige Knochenbrühe muß
schon gekocht werden, mit Zwiebel und Lorbeerblatt.
Bratensoßenreste gehen nicht, die überdecken den feinen
Kartoffelgeschmack. Wenn nicht genügend liegengeblie-
bene Salzkartoffeln zur Verfügung stehen, kann man einige frische Kartoffelstücke in der Brühe mitkochen,
kleingeschnittene Möhren und Selleriestückchen kommen ebenfalls in die Brühe und werden, wenn sie weich
sind, zerstampft – aber nicht zu fein! Die von gestern
übriggebliebenen Salzkartoffeln werden gerieben und zu-
gegeben. Ein oder zwei rohe Kartoffeln werden ebenfalls
hinzugerieben und machen die Suppe sämig. Das Ganze
vollzieht sich auf kleinem Feuer. Hin und wieder muß
umgerührt werden, denn Kartoffelsuppe neigt dazu anzu-
setzen. Fleisch ist nicht erforderlich, aber wenn an den
Knochen, aus denen man die Brühe gekocht hat, noch was

dran ist oder wenn von gestern noch ein Fleischstückchen übrig ist, kann das kleingeschnitten hinzugegeben werden. Wer nicht auf Fleisch verzichten will, kann sich Jagdwurstwürfel hineinschneiden. Schlemmer bevorzugen ganze oder zerstückelte Würstchen. Der Feinschmecker verfeinert seine Kartoffelsuppe mit getrockneten Pilzen und einer Speckschwarte, die er mitkochen läßt. Salz, Pfeffer, Kümmel und Majoran sowie ein zerdrücktes Knoblauchzehchen reichen als Gewürzbeigabe aus. Gegen die feinen und auswärtigen Gewürze wie Oregano und Kerbel ist in Maßen nichts einzuwenden. Den Pfiff bekommt die Kartoffelsuppe zum Schluß aber durch heiße braune Speckgrieben (das ausgelassene Fett gibt man nicht dazu, kann man ja für andere Zwecke verwenden!) und die darübergestreute feingehackte Grünkräutermischung aus Petersilie, Liebstöckel- und Selleriekraut, von denen die beiden letzteren aber sparsam zu dosieren sind, da sie mit ihrem Aroma sonst die ganze Kartoffelsuppe rücksichtslos an sich reißen!

2. SÄCHSISCHER KARTOFFELSALAT
(Sallat, weiß-grün)

Der sächsische Kartoffelsalat, der eigentlich mit zwei ll geschrieben und auf dem ersten a betont wird, zerfällt in hauptsächlich zwei Sorten, den rot-weißen und den grün-weißen. Der rot-weiße ist mit Tomaten, roten Rüben, Möhren usw. gemacht, den nehmen wir aber nicht, denn der grün-weiße ist sächsischer, wegen der Landesfarben: weiß-grün!

Daß man zum Kartoffelsalat Kartoffeln braucht, leuchtet ein, und daß es die Reste vom Vortag sein sollten, muß ich nicht schon wieder betonen. Wir haben ja absichtlich paar mehr gekocht. Salzkartoffeln sind gut, denn die sind schon leicht gewürzt, Pellkartoffeln gehen auch. Die Kartoffeln schneidet man in Scheiben oder Stücke, nicht zu dünn, sonst zerfallen sie, und nicht zu dick, sonst ziehen sie nicht gut durch. Jetzt kommt das Grünzeug: Zwiebeln, Gurken grün, sauer oder gewürzt, Gemüsepaprika, saure Bohnen, grüne Äpfel ... Fast alles, was grün ist, geht; dem Einfallsreichtum sind keine Grenzen gesetzt, es sollte mengenmäßig nur nicht mehr Grünzeug als Kartoffeln zusammenkommen, sonst ist der Salat ja nicht mehr weiß-grün, sondern grün-weiß, und das sind nicht die Landesfarben! Das grüne Zeug jedenfalls wird auch geschnitten, bissel kleiner als die Kartoffeln, vor allem die Zwiebeln natürlich. Und dann kommt alles zusammen in eine Schüssel und wird mit Mayonnaise vermengt, und da geht das Problem los: Die neuen Mayonnaisen und Salatsaucen, die es so zu kaufen gibt, sind alle tüchtig sauer und voller Emulgatoren, Reaktionsverstärker, Stabilisatoren – also Sachen, die eher in eine Flugzeugleitzentrale gehören als an einen Kartoffelsalat. Wer es noch kann, sollte sich deshalb seine Mayonnaise selber rühren, Eigelb, Öl, bissel Salz und bissel Geduld, es schmeckt sich schließlich aus! Die Salmonellengefahr wollen wir mal unter den Tisch fallenlassen! Sie haben also eine Risikoabwägung zwischen Chemie und Salmonelle vorzunehmen. Wie Sie nun auch immer entscheiden, irgendwann müssen Sie die Zutaten vermischen, und wenn Sie irgendwo noch einen Rest Fleischsalat stehen haben, der kann auch mit dran. Und ein gekochtes Ei, das vom Frühstück übrig ist, schneiden Sie auch mit nein. Hamse noch was rumstehen, was weiß oder grün ist? Nicht, dann eben tüchtig, aber vorsichtig durchmengen und dabei würzen: Pfeffer, kleingeschnittene Peperoni (grüne, keine roten!), paar zerdrückte grüne Pfefferkörner und eine zerquetschte Knoblauchzehe dürfen auch dran. Wenn Sie sehr viel saure Gurken und Bohnen dran haben, müssen Sie aufpassen, daß Ihnen der Salat nicht zu sauer wird. Und dann hacken Sie noch eine Kräutermischung zusammen: Petersilie, Lauch von Zwiebel und Knoblauch, Sellerie-

und Liebstöckellaub, davon wieder wenig. Nun mengen Sie alles zusammen und machen den Konstitutionstest: Der Salat darf nicht vom Löffel fließen, dann ist er zu dünn; er darf auch nicht bleischwer am Löffel klebenbleiben, dann ist er zu dick. Er muß gemütlich und zufrieden vom Löffel tropfen. »Blobb« muß es machen, dann ist er richtig. Nun stellen Sie ihn in den Kühlschrank oder auf die Kellertreppe, denn zehn, zwölf Stunden muß er mindestens ziehen. Dazu können Sie alles essen, was man braten kann, vom Spiegelei bis zur Rostbratwurst oder auch warme Würsteln …

Aber das Gebratene ist eigentlich nicht mehr wichtig, das verblaßt alles vor einem anständigen Kartoffelsalat!

3. SÄCHSISCHES ALLERLEI (Leipziger Art)

Das Leipziger Allerlei kann man nicht ganz unter Resteverwertung fassen, es folgt deshalb heutzutage einem anderen sächsischen Geschichtsgrundsatz, dem Stellvertreterprinzip. Das Leipziger Allerlei ist eigentlich nichts weiter als eine aufwendige Gemüsebeilage aus jungem Kohlrabi, frischen Spargeln, Schoten, Möhren und Blumenkohl. Das wurde natürlich früher aus Produkten des eigenen Gartens bereitet und durch das Angebot des lokalen Marktes komplettiert. Und in einer feuchten von Flußläufen durchzogenen Niederung, wie wir sie noch in den Resten des Leipziger Auenwaldes wiederfinden, gab es eben damals auch Krebse und Morcheln, die man auf dem Wochenmarkt kaufen konnte. Krebse, so man sie noch findet, stehen unter Naturschutz, und von den Morcheln ist uns auch nur noch die Stinkmorchel ein Begriff. Was tun?

Wer als sächsischer Koch gelten will, muß sich also etwas einfallen lassen, muß Ersatzstoffe aus dem Tiefkühltruhenfundus herbeizaubern. Was Sie auch immer nehmen, darf Ihr Geheimnis bleiben, es muß aber auf Morcheln und Krebse hinauslaufen.

Das Gemüse kocht man separat in Bouillon weich oder dünstet es in Butter. Beim Anrichten kommen Krebse und Morcheln – wie Sie zu denen gekommen sind, bleibt Ihr Geheimnis – natürlich obenauf. Aus den zerstoßenen Schalen der Krebse kann man auch noch ein wenig Krebsbutter bereiten und über das Gemüse träufeln. Ein Hauptgericht aus Fleisch und Kartoffeln müssen Sie sich auch noch einfallen lassen, aber wenn Ihnen das Allerlei gelungen ist, können Sie dazugeben, was Sie wollen, das Essen ist immer gelungen.

Leipziger Allerlei können Sie natürlich auch als Eintopf bereiten, das Allerlei (Gemüse) hat dann die gleiche Zusammensetzung, wird nur in einer feinen klaren Hühnerbrühe angerichtet, denn darin kommt der Geschmack des jungen Gemüses besser zur Geltung als in einer kräftigen Knochenbrühe.

4. Grüne Klösse vogtländischer Art

Die vogtländischen Grünen Klöße sind einerseits Produkt der Armenküche, denn außer Kartoffeln, Salz und Wasser kommt nichts hinzu, andererseits sollte man aber an Kartoffeln nicht sparen. Für einen Kloß von Kinderfaustgröße braucht man schon vier oder fünf mittelgroße Kartoffeln. Und zwar brauchen wir gekochte und rohe im Verhältnis von etwa eins zu zwei. Die gekochten Kartoffeln sind natürlich die übriggebliebenen Salzkartoffeln vom Sonnabend oder Freitag, wo es Quark oder marinierten Hering dazu gegeben hatte.

Die rohen Kartoffeln werden nach dem Schälen sofort gerieben, früher natürlich mit dem Handreibeisen – ein Tröpfchen Knöchelblut, so sagt man, muß im Teig sein! Heute verwenden wir die Elektrische dazu. Aber wir achten streng darauf, daß die geriebenen Kartoffeln schön grobfaserig bleiben. Die Kartoffelmasse wird nun in ein Kloßsäckchen gegeben, was man, wenn man es nicht in seiner Wirtschaft vorfindet, durch ein gebrühtes

Leinentuch ersetzen kann. Dann wird die Kartoffelmasse mit kräftigen Händen ausgequetscht. (Schwäch-
linge nehmen heutzutage die Wäscheschleuder dazu!)
Der ausgepreßte Kartoffelsaft wird in einer Schüssel auf-
gefangen. Am Grunde der Schüssel setzt sich nämlich
Kartoffelstärke ab, die wir wieder hinzugeben müssen,
wenn wir Frühkartoffeln oder eine sehr wäßrige Sorte
erwischt haben, wovon der Vogtländer allerdings die
Hände läßt. Die Kloßsaison beginnt bei ihm deshalb immer erst im Herbst.

Die stark ausgedrückte Kloßmasse wird, nachdem wir
ihr vielleicht ein wenig von ihrer Stärke zurückgegeben
und auch an eine Prise Salz gedacht haben, mit kochen-
dem Wasser gebrüht. Dem unter kräftigem Kneten und
Rühren entstehenden Kloßteig werden nun die geriebenen gekochten Kartoffeln beigemengt. Der fertige Teig
sollte nicht zu flüssig sein, sonst kochen die Klöße zu
sehr ab. Zu fest darf er aber auch nicht sein, sonst werden die Klöße derb. Grieß, Mehl, Semmelbrocken oder
ähnliche Beimengungen haben im vogtländischen Kloß
nichts verloren!

Die Klöße werden nun geformt und sofort in spru-
delnd kochendes Wasser gegeben. Beim Formen werden
die Hände ab und zu in kaltes Wasser getaucht. Zehn bis
zwölf Minuten sollten mittelgroße Klöße schon kochen.
Wenn sie oben schwimmen, sind sie fast durch, man
kann dann die Hitze vermindern. Letzte Gewißheit bekommt man natürlich erst, wenn man einen Kloß her-
ausfischt und aufreißt. Merke: Klöße werden immer auf-
gerissen, nie aufgeschnitten.

Über die aufgerissenen Klöße gießt man dann Brühe –
keine Soße! Die Brühe entsteht – wir sind wieder in der
Arme-Leute-Küche –, wenn man ein sehr kleines Fleisch-
stück (Rind, Hammel, Geflügel) sehr kräftig mit Zwiebel
und Lorbeerblatt anbrät und dann mit viel Wasser ab-
löscht. Salz, Pfeffer und ein gedrücktes Knoblauch-

zehchen kommen hinzu. Das Fleisch selbst wird in dieser Brühe bis zur Erschöpfung ausgekocht, so daß man es nur noch dem Familienoberhaupt zum Verzehr anbieten kann. Die Brühe bringt den Geschmack und wird deshalb bis zum letzten Tröpfchen mit unseren Grünen Klößen aufgeditscht!

1. AKtivist
2. MalimO
3. PräMie
4. LDPD
5. JoLante
6. SED
7. EX
8. StAsi
9. SchNee
10. KoNsum
11. DynAmo
12. HO
13. CheMie
14. MEnsch
15. GST
16. DaTsche
17. OstsEe
18. BroiLer
19. PLan
20. SERO

Literarische Spaziergänge mit Büchern und Autoren

Das Kundenmagazin der Aufbau Verlagsgruppe
Kostenlos in Ihrer Buchhandlung

Aufbau-Verlag   Rütten & Loening   Aufbau Taschenbuch Verlag   Gustav Kiepenheuer   Der >Audio< Verlag

Oder direkt: Aufbau-Verlag, Postfach 193, 10105 Berlin
e-Mail: marketing@aufbau-verlag.de
www.aufbau-verlag.de

Gunter Böhnke

Ein Sachse beschnarcht
sich die Welt

156 Seiten
Band 1753
ISBN 3-7466-1753-7

Reisen bildet – vor allem die Fähigkeit, über sich selbst zu lachen. Gunter Böhnke, sächsisches Kabarett-Urgestein, zeigt sich darin überall auf der Welt als Meister. Mit sicherem Gespür für Situationskomik und treffende mundartliche Sprachkreationen beschreibt Gunter Böhnke kuriose Begebenheiten, die einem gutgläubigen und dennoch cleveren Sachsen auf seinen Reisen durch die große, weite Welt zustoßen. Doch egal, was dem sächsischen Original in Australien, Irland, Frankreich oder den USA passiert, mit Esprit und Schlagfertigkeit meistert er auch die peinlichsten und schwierigsten Situationen.

A*t*V
Aufbau Taschenbuch Verlag

Bernd-Lutz Lange

Dämmerschoppen

Geschichten von drinnen und draußen

176 Seiten
Band 1386
ISBN 3-7466-1386-8

Für die ARD verteilte Bernd Lutz-Lange gemeinsam mit Gunter Böhnke dreizehnmal »Nachschlag«, für den Mitteldeutschen Rundfunk zelebrierte er »Den Sachsen von Kopf bis Fuß«.

Humorvoll erzählt der Autor und Kabarettist in diesem Buch von seinen Reisen, von Begegnungen mit Jack Lemmon und Walter Matthau, aber auch von scheinbar ganz alltäglichen Begebenheiten. Dank seiner satirischen Begabung findet er immer wieder zu überraschenden Pointen.

A*t*V
Aufbau Taschenbuch Verlag

Bernd-Lutz Lange

Magermilch
und lange Strümpfe
Lesung

1 CD mit Booklet (16 S.)
70 min. 13 Tracks
ISBN 3-89813-142-4

Seine Programme sind regelmäßig ausverkauft: Bernd-Lutz
Lange, Gründungsmitglied der »academixer«. In seinem Er-
innerungsbuch »Magermilch und lange Strümpfe« berichtet
der prominente Leipziger Kabarettist von seiner kargen, aber
unbeschwerten Kindheit in den 50er Jahren, von Brausepulver und Muggefugg, Wattfraß und Kartoffelkäfern – einer
Zeit also, als Autor und Republik noch in den Kinderschuhen
steckten.

In diesem Live-Mitschnitt einer Veranstaltung der Leip-
ziger Pfeffermühle aus dem Jahr 2000 liest Lange aus seinem
Buch, und er wäre kein Vollblut-Kabarettist, hätte er seine
Lesung nicht mit spontanen Anekdoten angereichert.

»Es ist die Schnellebigkeit unseres Jahrhunderts, die solch ein
Überlieferungsbuch wichtig macht.«
Die Zeit

DER > AUDIO < VERLAG
Mehr hören. Mehr erleben

Bernd-Lutz Lange
Magermilch
und lange Strümpfe

218 Seiten. Gebunden
ISBN 3-378-00621-8

Bernd-Lutz Lange erzählt von seiner Kindheit nach dem Krieg und in der jungen DDR: Fruchtschnee und Affenfett, Brausepulver und Muggefugg, Wattfraß und Kartoffelkäfer feiern in diesen Erinnerungen ihre fröhlichen Urständ. Ein heiteres Zeitdokument: wie der Autor selbst, so steckte auch die Republik in den Kinderschuhen.

»Eine Sammlung poetischer Szenenbilder, ein Fundus von sprechenden Requisiten, Kleidern und Kulissen. Sogar Geräusche, Gerüche, Geschmäcker des Nachkrieges in einer ostdeutschen Stadt sind hier versammelt.«
Die Zeit

»Diese Stimmung, dieses Leichte im Erzählen, das mit einer Prise Ironie Überstäubte und mit etwas Melancholie Angeschwitzte, das ist es, was dieses Buch lesenswert macht – auch für andere Generationen, die wissen möchten, wie Generationen vor ihnen gelebt haben.«
Thüringer Allgemeine

Gustav Kiepenheuer
V E R L A G

Christophe André
Patrick Légeron

Bammel, Panik,
Gänsehaut
Die Angst vor den anderen

*Aus dem Französischen
von Ralf Pannowitsch*

240 Seiten
Band 1747
ISBN 3-7466-1747-2

Auch wenn man nicht zur Fraktion der notorisch Schüchternen gehört, die Angst vor anderen kennt jeder – sei es beim ersten Rendezvous oder im Bewerbungsgespräch. Doch wie kommt es, daß wir mitunter im Alltag so unsicher sind und in Situationen, die schon Tausende vor uns bewältigt haben, feuerrot werden und anfangen zu zittern? Das bekannte französische Psychologenteam untersucht die Gründe für mangelndes Selbstvertrauen, das von schlichter Nervosität bis zur ernsten sozialen Phobie reichen kann, und zeigt, wie man peinliche Situationen unbeschadet übersteht.

»Das Buch ermutigt uns auf humorvolle Art, im Umgang mit den anderen wir selbst zu sein … Eine fundierte, sehr sympathische Ausnahme in der Fülle der Psychobücher.«

Le Monde

A*t*V
Aufbau Taschenbuch Verlag

François Lelord
Christophe André

Der ganz normale
Wahnsinn

*Vom Umgang mit
schwierigen Menschen*

*Aus dem Französischen
von Ralf Pannowitsch*

366 Seiten
Band 1687
ISBN 3-7466-1687-5

Neurotiker im Film und in der Literatur sind immer Helden, auch wenn ihnen etwas Tragikomisches anhaftet. Im wirklichen Leben ist das anders.

Der Paranoiker, der die kleinste Bemerkung als Beleidigung versteht, der Obsessive, der sich zum Schaden des Ganzen in Details versenkt, der Narzißtische, der alles an sich reißt, der Zwanghafte, dessen Leben sich in endlosen Ritualen erschöpft – solche Leute sind schwierig und anstrengend. Wie man sich am besten mit komplizierten Persönlichkeiten arrangiert und trotzdem die Nerven behält, zeigen die Autoren in diesem höchst amüsanten Buch, das einen zum Lachen bringt und es dennoch ernst meint.

»Lelords und Andrés Buch ist ein unterhaltsames Plädoyer, im Umgang mit schwierigen Menschen nicht gleich das Handtuch zu werfen.«
Der Tagesspiegel

AtV
Aufbau Taschenbuch Verlag

Heinz-Florian Oertel
Höchste Zeit
Erinnerungen

Mit 48 Abbildungen
240 Seiten
Band 1577
ISBN 3-7466-1577-1

Heinz Florian Oertel hat den DDR-Sport wie kaum ein anderer für Rundfunkhörer und Fernsehzuschauer begleitet. Mit seinen unvergessenen Reportagen beschrieb er das Geschehen von mehr als vier Jahrzehnten und wurde so zum Zeitzeugen und Chronisten des Weltsports.

»Daß der Autor in einer Rangliste der am meisten beschäftigten Sportreporter der zweiten Hälfte dieses Jahrhunderts einen vordersten Platz behauptet, ist hinlänglich bekannt. Er erinnert an viele große Athleten, die ihm begegneten, deren faszinierende Leistungen er kommentierte, beschrieb, besang und oft mit majestätischen Vokabeln aus der Schublade der Superlative bejubelte. Die Palette ist unendlich. Dazu Erlebnisse und Begegnungen in Olympiastädten und Schauplätzen en masse.«

Junge Welt

A*t*V
Aufbau Taschenbuch Verlag

Frank Schöbel

Frank und frei

Die Autobiographie

Mit Abbildungen
736 Seiten
Band 1382
ISBN 3-7466-1382-5

»Ein Buch wie ein Gespräch mit guten Freunden.«

Märkische Volksstimme

Frank Schöbel erzählt sein Leben. Nicht etwa, weil er zur
Ruhe gekommen ist und Abschließendes verkünden will –
er doch nicht! –, nein, aus Notwehr schreibt er dieses Buch,
denn ständig und immer wieder gibt es andere, die meinen,
sich besser in seinem Leben auszukennen als er selber. Und
so erzählt er von seiner Nachkriegskindheit, von den ersten
Schritten auf musikalischem Gebiet, warum er nicht Sänger,
sondern eigentlich Sportler werden wollte, erzählt von seinen Hits, seinen Tourneen und Fernsehauftritten, von Erfolgen und Rückschlägen, von seinem Leben in der Familie,
von Freunden und – von seinem besten Freund, dem Publi-
kum, den Fans, die eine Macht sind.

A𝑡V
Aufbau Taschenbuch Verlag

Hans-Dieter Schütt
Kurt Böwe
Der lange kurze Atem

Mit Abbildungen
420 Seiten
Band 1540
ISBN 3-7466-1540-2

Kurt Böwe, einer der bekanntesten deutschen Theaterschau-
spieler, erzählt mit »Strittmatterschem Bauernschalk« (Die
Welt) aus seinem Leben. Geboren in Reetz, in der Prignitz,
wurde aus dem Dörfler vom platten Lande ein Theatermacher
von Format, ein Komödiant und Fallensteller, ein großer
Menschendarsteller.

Der Journalist Hans-Dieter Schütt hat Böwe beobachtet,
hat ihm Geschichten abgelauscht, die Post aus dem Schub-
kasten gezogen und die Stimmen der anderen, der Freunde
und Kollegen, vor allem die der Regisseure, die sich um ihn
gerissen haben, seit sie ihn das erste Mal auf der Bühne sahen,
eingesammelt. Das Buch ist eine reich sprudelnde Quelle: Man
erfährt manches über Schauspieler, einiges über die DDR
und sehr viel über das Leben.

A*t*V
Aufbau Taschenbuch Verlag

Im WeymannBauerVerlag erschienen

Die kurzweilige und amüsante, bisweilen sogar skurrile Geschichte eines der fünf teuersten »Grundstücke« Deutschlands, die alles, was bisher darüber geschrieben wurde, in Frage stellt. Mecklenburg-Vorpommern wird als ein unvollendetes Projekt Gottes beschrieben, als eine Landschaft, die unzählige Aufschwünge Ost überstanden hat und das als politisches Gebilde seit tausend Jahren erfolglos unterzugehen versucht.

Mit Illustrationen von Peter Bauer
221 Seiten • Geb./Schutzumschlag • ISBN 3-929395-17-7
DM 24,80 • ab 1. Januar 2002 • EUR 12,80

Weiterhin lieferbar die unernsten Geschichten Brandenburgs, des Saarlandes, Sachsens und Thüringens